INVENTAIRE SOMMAIRE

DES

PORTEFEUILLES DE FONTANIEU

CONSERVÉS A LA

 BIBLIOTHÈQUE NATIONALE

PUBLIÉ PAR

HENRI OMONT

DE LA *Revue des Bibliothèques*,
1897 et 1898.

INVENTAIRE SOMMAIRE

DES

PORTEFEUILLES DE FONTANIEU

CONSERVÉS A LA

BIBLIOTHÈQUE NATIONALE

Extrait de la *Revue des Bibliothèques.*
1897 et 1898.

INVENTAIRE SOMMAIRE

DES

PORTEFEUILLES DE FONTANIEU

CONSERVÉS A LA

BIBLIOTHÈQUE NATIONALE

PUBLIÉ PAR

HENRI OMONT

PARIS

LIBRAIRIE ÉMILE BOUILLON, ÉDITEUR

67, RUE DE RICHELIEU, AU PREMIER

—

1898

INVENTAIRE SOMMAIRE

DES

PORTEFEUILLES DE FONTANIEU

CONSERVÉS A LA

BIBLIOTHÈQUE NATIONALE

———

Gaspard-Moyse de Fontanieu, marquis de Fiennes, sieur de Villequoy, intendant de la province de Dauphiné en 1724, puis de l'armée d'Italie de 1733 à 1735, conseiller d'État en 1740, enfin intendant et contrôleur général des meubles de la Couronne, avait réuni dans le cours de sa longue carrière une bibliothèque considérable, comprenant aussi bien des manuscrits que des livres imprimés et des estampes, principalement relatifs à l'histoire de France. Deux ans avant sa mort, survenue le 26 septembre 1767[1],

———

1. Voici le texte de la lettre de faire-part de l'enterrement de Fontanieu, conservée à la Bibliothèque nationale, ms. français 27672, dossier Fontanieu, pièce 7 :

« Vous êtes priés d'assister aux convoi et enterrement de haut et puissant seigneur
« Messire Gaspard-Moyse DE FONTANIEU, chevalier, seigneur, marquis de Fiennes,
« et autres lieux, conseiller d'État ordinaire, intendant et contrôleur général des
« meubles de la Couronne, marguillier d'honneur de sa paroisse, décédé au petit hôtel
« de Conty; qui se feront ce jourd'huy dimanche 27e septembre 1767, à sept heures du
« soir, en l'église de S. André des Arcs, sa paroisse, où il sera inhumé.

« *Requiescat in pace.*
« De la part de Monsieur son fils. »

Sa femme, Marie-Anne Polart, dame de Villequoy, était morte en 1752.

Son père, Moyse-Augustin de Fontanieu, secrétaire du Roi, trésorier général de la Marine, avait été aussi intendant général des meubles de la Couronne; il avait épousé Catherine-Geneviève Dodun. — Si l'on en devait croire une note des anciens *Dossiers bleus* (Bibl. nat., ms. franç. 29819), Gaspard-Moyse de Fontanieu aurait été fils du cardinal de Fleury.

1

il avait cédé au Roi toutes ses collections, le 27 août 1765, moyennant une somme de 90.000 livres et une pension viagère de 8.000 livres.

Si on laisse de côté les imprimés et les estampes, les manuscrits de Fontanieu, dont il devait conserver la jouissance jusqu'à sa mort avec le reste de sa bibliothèque, comprenaient :

1° Les *Portefeuilles* in-4°, au nombre de 841 (portés depuis à 881), et contenant, rangées en ordre chronologique et suivant l'ordre des matières, la copie ou l'analyse d'environ cent mille pièces sur l'histoire de France.

2° Un recueil de *Pièces fugitives,* tant imprimées que manuscrites, en 366 volumes in-4°, plus dix volumes de tables.

3° Les ouvrages composés par Fontanieu et les papiers de ses intendances de Dauphiné et de l'armée d'Italie, formant 200 volumes.

4° Divers manuscrits anciens[1] et modernes, au nombre de 269 volumes.

Les *Portefeuilles* seuls constituent encore aujourd'hui une collection distincte parmi les différents fonds du département des Manuscrits de la Bibliothèque nationale. Ils sont restés classés dans l'ordre même suivant lequel Fontanieu les avait distribués et font l'objet du présent inventaire.

Les *Pièces fugitives* ont été transmises au département des *Imprimés*, où elles forment également une collection distincte. Quant aux ouvrages manuscrits de Fontanieu et aux manuscrits divers qu'il avait recueillis, ils ont été depuis longtemps répartis à leur ordre méthodique dans l'ancien Supplément français dont le catalogue a été récemment publié[2].

L'ordre chronologique, adopté par Fontanieu pour la première partie de ses Portefeuilles, et l'ordre méthodique, suivi dans la seconde partie, dispensaient de rédiger un catalogue détaillé de cette collection. Aussi s'est-on contenté de noter sommairement dans le présent inventaire le contenu de chaque volume, en le

---

1. Plusieurs de ces manuscrits latins anciens, recueillis par Fontanieu, et dont on trouvera la liste plus loin, provenaient de l'abbaye cistercienne de Chaalis, au diocèse de Senlis, près d'Ermenonville (Oise). Cf. L. DELISLE, *Cabinet des manuscrits,* t. II, p. 349.

2. Paris, E. Leroux, 1895-1896, 3 vol. in-8°.

faisant suivre, quand il y avait lieu, de la mention, en petit texte, de tous les documents originaux et[1] de toutes les pièces imprimées[2], qui ont été joints aux copies, extraits et notes, la plupart tirés des différentes collections de l'ancienne Bibliothèque du roi[3], et qui composent les Portefeuilles de Fontanieu.

Il a semblé qu'il ne serait pas inutile non plus de faire précéder cet inventaire sommaire des Portefeuilles du texte de quelques

---

1. Un très grand nombre de ces pièces originales ont été retirées jadis des Portefeuilles par Champollion-Figeac ; la plupart sont maintenant reliées en six volumes in-folio, qui ont été ajoutés à la suite de la collection, sous les n⁰ˢ 876-881.

2. Le *Catalogue de l'histoire de France* du département des Imprimés de la Bibliothèque nationale (Paris, 1855 et suiv., in-4⁰) a enregistré les titres de plusieurs de ces pièces d'après les exemplaires conservés dans les Portefeuilles de Fontanieu. Mais plusieurs autres pièces imprimées manquent aujourd'hui, dont l'existence autrefois dans les Portefeuilles de Fontanieu peut être certainement constatée à l'aide d'un résumé de leurs titres, qu'on a laissé subsister dans les volumes et qui marque leur place.

3. La note qui précède la « Table générale du recueil de titres concernant l'histoire de France, tirés tant des anciens manuscrits que des mémoires originaux et des pièces fugitives du temps, par M. G.-M. de Fontanieu, » imprimée à la fin du tome IV (2ᵉ partie, p. 1-11) de la *Bibliothèque historique de la France* du P. Lelong (éd. Fevret de Fontette, 1775, in-fol.), en indique très bien la composition :

« Ce Recueil, qui est aujourd'hui à la Bibliothèque du Roi, consiste en 841 Porte-« feuilles *in-4⁰*. M. de Fontanieu a joint aux Titres ou Pièces qu'il renferme, beaucoup « de Notes ou Observations et même des Dissertations sur les Pièces qui avoient « besoin d'être discutées ou éclaircies.

« La Bibliothèque du Roi est la source la plus abondante dans laquelle a puisé « M. de Fontanieu ; et quand il n'y auroit que ce qu'il en a tiré, sa Collection seroit « toujours précieuse, parce qu'il a mis en ordre tous les Titres et Pièces que lui ont « fournis les manuscrits des différents Fonds de cette Bibliothèque, où les Matières « sont comme noyées. Mais il ne s'est pas borné là : il a compulsé les Titres de la « Chambre des Comptes de Paris et de celle de Dauphiné, les Trésors des Chartres, le « Cabinet de S. Martin des Champs, formé par Dom Pernot, les Manuscrits de l'Abbé « de Camps, et même des Archives de Pays Étrangers. »

Le Prince, dans son *Essai historique sur la Bibliothèque du Roi* (Paris, 1782, in-12), p. 217-219, a donné une notice sur le *Fonds de Fontanieu*, empruntée principalement au mémoire rédigé par Jean Capperonnier avant la cession de cette collection, mémoire qui est joint à l'acte de vente (mss. français 13006 et nouv. acquis. 5735), et qu'on a jugé inutile pour cela même de reproduire. — La nouvelle édition de l'*Essai* de Le Prince, donnée par Louis Paris (1856, p. 187-189), n'ajoute aucun détail et reproduit simplement le premier texte.

M. L. Delisle a résumé d'une façon très précise, en quelques lignes du *Cabinet des manuscrits* (t. I, p. 433-434), les détails de l'acquisition et la composition des collections de Fontanieu.

documents, tels que l'acte de vente des collections de Fontanieu
et la liste de l'ensemble des manuscrits, empruntée à l'inventaire
général de sa bibliothèque, dressé par Jean Capperonnier en conséquence de la vente. Ces pièces, en même temps qu'elles préci-
seront les détails de la cession des collections de Fontanieu,
permettront d'en mieux apprécier l'ensemble et de mieux juger
de leur variété et de leur importance.

ACTE DE VENTE DE LA BIBLIOTHÈQUE DE FONTANIEU.

(27 août 1765). [1]

Par devant les conseillers notaires du Roy à Paris, soussignés, fut présent
Mre Gaspard-Moyse de Fontanieu, chevalier, conseiller d'État ordinaire,
intendant et contrôleur général des meubles de la Couronne, demeurant à
Paris, au Garde-meuble de sa Majesté, quai de Conty, paroisse St-André-des-
Arts.

Lequel, pour l'augmentation de la Bibliothèque du Roy et répondre à cet
égard aux intentions de Sa Majesté, a par ces présentes, vendu et promis
garentir de toutes revendications, au Roy, ce acceptant, pour Sa Majesté,
très haut et très puissant seigneur, Monseigneur Loüis Phélipeaux, comte
de Saint-Florentin, marquis de la Vrillière et de Châteauneuf-sur-Loire, baron
d'Ervy et d'Ievre-le-Châtel et autres terres et seigneuries, conseiller du
Roi en tous ses Conseils, ministre et secrétaire d'État, chancelier de la
Reine, commandeur et chancellier des Ordres du Roi, nommé et autorisé à
l'effet des présentes par arrest du Conseil d'État du Roi, du vingt-quatre
aoust présent mois, dont une expédition en parchemin est demeurée
annexée à la minute des présentes, après que sur icelle il a été fait mention dudit annexe par les notaires soussignés, en présence dudit seigneur
comte de Saint-Florentin, demeurant à Paris, en son hôtel, rüe de la Ville-
l'Évêque, paroisse de la Madelaine, fauxbourg St-Honoré, acquéreur pour
Sa Majesté, tous les livres imprimés et manuscrits, recueil de titres et
pièces manuscrites concernant l'histoire de France et le droit public de la

---

1. L'acte de vente original, conservé sous le n° 13006 du fonds français, forme un
volume in-folio, de 37 feuillets de parchemin timbré, recouvert d'une reliure en maroquin rouge, aux armes de Fontanieu : *d'azur, au chevron d'or, accompagné en chef
de deux étoiles d'argent et en pointe d'une montagne du même.* — Il y a une
expédition sur papier timbré de ce même acte, reliée en parchemin vert, sous le n° 5735
des nouvelles acquisitions du fonds français.

monarchie, et collections d'estampes, cartes et dessins, qui composent la bibliothèque dudit sieur de Fontanieu, compris dans les trois états qui en ont été faits par ordre de Sa Majesté, et qui sont demeurés joints à la minute des présentes, après avoir été desdits seigneur comte de St-Florentin et sieur de Fontanieu paraphés en présence desdits notaires soussignés.

Pour par Sa Majesté être et demeurer dès ce jour propriétaire incommutable des livres, tant manuscrits qu'imprimés, recueils de titres et pièces manuscrites, collections d'estampes, cartes et dessins, comme de chose à Elle apartenant, au moyen des présentes.

Cette vente faite sous les conditions suivantes :

ARTICLE Ier.

Déclare ledit sieur de Fontanieu que, quoique les manuscrits contenant ses propres ouvrages soient compris dans les états énoncés ci-dessus, il n'entend point qu'ils fassent partie de la dite vente, regardant ses productions personnelles, comme le fruit des grâces dont Sa Majesté l'a honoré par les différens emplois qu'Elle a bien voulu lui confier; et, étant persuadé par cette raison, que lesdites productions appartiennent à Sa Majesté, il l'a seulement suppliée très humblement de recevoir avec bonté l'offre qu'il prend la liberté de lui en faire. Ce qui a été accepté, en tant que besoin, par ledit seigneur comte de Saint-Florentin ; dont acte.

ARTICLE II.

Pour opérer dès à présent la tradition des objets énoncés précédemment, soit comme vendus, soit comme offerts, ils seront marqués et imprimés le plus promptement qu'il sera possible de l'estampille de la Bibliothèque du Roi, par le sieur Capperonnier, garde général de ladite Bibliothèque, lequel en dressera en même tems un état et catalogue plus détaillé que les états ci-devant énoncés ; duquel catalogue il sera fait deux expéditions, dont une, signée dudit sieur de Fontanieu, sera remise à ladite Bibliothèque, et l'autre, signée dudit sieur Capperonnier, demeurera entre les mains dudit sieur de Fontanieu, pour sa décharge.

ARTICLE III.

Sa Majesté désirant que ledit sieur de Fontanieu, autant que sa santé et les autres opérations, dont il est chargé pour son service, lui pourront permettre, continue à augmenter et perfectionner les recueils de titres,

pièces, nottes et observations par lui commencés, il a été convenu que,
pour la facilité de son travail, la jouissance et garde de sadite bibliothèque
lui demeureront pendant sa vie, dont il se chargera au pied du catalogue
qui en sera fait, pour le transport et la remise n'en être faits à la Bibliothèque du Roy, qu'après le décès dudit sieur de Fontanieu, lors duquel
toutes les augmentations qu'il aura faites aux manuscrits apartiendront à
Sa Majesté, en l'état où ledit ouvrage se trouvera, comme dépendances, et
sans aucune augmentation de prix ci-après stipulé.

Article IV.

Le prix de la vente ci-dessus demeure arrêté et fixé à la somme de quatre-
vingt-dix mille livres, dont ledit sieur de Fontanieu se contente, encore que
le prix de sadite bibliothèque ait été porté à la somme de cent-vingt mille
livres, par l'estimation verbale qui en a été faite par les officiers de la Bibliothèque du Roy, par ordre de Sa Majesté; se tenant ledit sieur de Fontanieu pour content de ladite somme de quatre-vingt-dix mille livres,
attendu que, dans l'estimation des officiers de la Bibliothèque du Roi, ils
ont compris la partie de ses ouvrages dont l'offre a été acceptée ci-dessus.

Laquelle somme de quatre-vingt-dix mille livres ledit seigneur comte de
de Saint-Florentin, en vertu du pouvoir à lui donné par Sa Majesté, promet
et s'oblige en ladite qualité de faire payer en espèces d'or et d'argent, et
non autrement, des deniers qui seront à cet effet destinés par Sa Majesté,
aux héritiers et ayant cause dudit sieur de Fontanieu, et lors de la remise
qui sera faite à la Bibliothèque du Roy des objets présentement vendus.

Au paiement de laquelle somme de quatre-vingt-dix mille livres tous les
revenus de Sa Majesté demeurent affectés, obligés, et hypothéqués, comme
ledit seigneur comte de Saint-Florentin, autorisé comme dessus, les y affecte,
oblige et hypothèque.

Article V.

Ledit seigneur comte de Saint-Florentin s'oblige en outre, en ladite qualité, de faire payer audit sieur de Fontanieu, pendant sa vie et jusqu'au
jour de son décès, à compter du 1er juillet dernier, par chacun an, en deux
paiements égaux, de six en six mois, la somme de huit mille livres, dont
quatre mille cinq cent livres, pour lui tenir lieu, pendant sa vie, des intérêts
à cinq pour cent de ladite somme de quatre-vingt-dix mille livres, et trois
mille cinq cent livres pour frais d'entretien des livres, appointemens de
commis, déchiffreurs et copistes, acquisitions de titres et pièces, reliures et
porte-feuilles, et généralement tous frais de bureau quelconques, dont ledit
sieur de Fontanieu demeurera chargé, pour la suite et continuation de son
travail, moyennant ladite somme de trois mille cinq cent livres.

ARTICLE VI.

Ladite somme annuelle de huit mille livres ne sera sujette à aucun retranchement, ni aucune diminution de dixième, vingtième et autres impositions roïalles, qui ont et pouroient avoir lieu par la suite, sous quelques prétextes et telles causes que ce soit.

ARTICLE VII.

Les intérêts de ladite somme de quatre-vingt-dix mille livres, ainsi que les trois mille cinq cent livres pour les frais et dépenses susdites, seront païés sans aucune retenue, en attendant le remboursement dudit capital, et emploïés dans les états de dépenses de la Bibliothèque de Sa Majesté.

ARTICLE VIII.

A compter du jour du décès dudit sieur de Fontanieu, ses héritiers ou aïant cause seront païés, tant des arrérages échus des huit mille livres ci-dessus convenues d'être païées annuellement audit sieur de Fontanieu, pendant sa vie, que du capital des quatre-vingt-dix mille livres, fixé pour le prix de la vente, et des cinq pour cent de ladite somme, sans retenue, qui pouroient courir jusqu'au jour du remboursement éfectif.

ARTICLE IX.

Ledit seigneur comte de Saint-Florentin a reconnu expressément que toutes les clauses et conditions ci-dessus stipulées font partie du prix de ladite vente, et promet et s'oblige, au nom qu'il procède, de les faire entretenir et exécuter en tout leur contenu, suivant leur forme et teneur. Car ainsy, et pour l'exécution des présentes, les parties ont élû leur domicile en leurs hôtel et demeure devant déclarés ; auxquels lieux, nonobstant, promettant, obligeant, ledit seigneur comte de Saint-Florentin, audit nom ; renonçant, etc.

Fait et passé à Paris, en l'hôtel dudit seigneur comte de Saint-Florentin, l'an mil sept cent soixante-cinq, le vingt-septième jour d'aoust, et ont signé la minutte des présentes, restée en la possession de Me Dutartre, notaire.

Suivent les annexes

EXTRAIT DES REGISTRES DU CONSEIL D'ÉTAT DU ROI.

Sa Majesté étant informée que la bibliothèque du sieur de Fontanieu, composée de livres imprimés et manuscrits, de titres et pièces manuscrites, concernant l'histoire de France et droit public de la monarchie, de collections d'estampes, cartes et dessins, contient dans chacun de ces genres des pièces très rares et qui se trouvent manquer dans sa Bibliothèque roïalle; et, désirant pour cette raison, pouvoir les y réunir après la mort dudit sieur de Fontanieu, elle auroit ordonné que visite et estimation préalablement en seroit faite par les officiers de sa Bibliothèque royale, qui en feroient dresser des états par le garde de sa Bibliothèque. Et, sur le raport qui a été fait du tout à Sa Majesté, ainsi que des offres et propositions dudit sieur de Fontanieu, Elle auroit agréé lesdites offres et propositions; et voulant pourvoir à terminer cette acquisition; oui le rapport, le Roi étant en son Conseil a ordonné et ordonne, que par le sieur comte de Saint-Florentin, ministre et secrétaire d'État et des commandemens de Sa Majesté, il sera, pour et au nom de Sa Majesté, signé l'acte contenant la vente et conditions d'icelle, à faire par le sieur de Fontanieu à Sa Majesté, de tous les livres, manuscrits, collection d'estampes, cartes, dessins, composant actuellement la Bibliothéque dudit sieur de Fontanieu, conforme au projet qui demeure annexé à la minute du présent arrest.

Fait au Conseil d'État du Roy, Sa Majesté y étant, tenu à Versailles, le vingt-quatre août mil sept cent soixante-cinq. Signé : CHOISEUL, duc DE PRASLIN.

MÉMOIRE SUR LA BIBLIOTHÈQUE DE M. DE FONTANIEU, PROPOSÉE POUR LA BIBLIOTHÈQUE DU ROY.

On peut distinguer dans la bibliothèque de M. de Fontanieu trois objets : 1°) Les manuscrits. — 2°) La collection d'estampes. — 3°) Les livres imprimés.

Les Manuscrits.

Les manuscrits se divisent en trois collections, qui ont entr'elles une liaison assés intime pour ne pouvoir être séparées.

La première de ces collections est un recueil de titres et pièces manuscrites, tant en originaux qu'en copies et en notices détaillées sur l'histoire générale de France ; elle est composée de plus de six cent-cinquante Porte-feuilles in 4°, bordés de rubans verts, qui contiennent au moins soixante mille pièces, écrites de bonne main et sur papier d'Hollande.

Ce premier recueil est subdivisé en deux parties. La 1re contient tous les titres et pièces qui peuvent servir à l'histoire générale de France, sous chaque règne, rangés par ordre chronologique depuis Hugues Capet jus-qu'au règne de Sa Majesté. Dans la seconde partie sont rassemblés par un ordre de matières méthodique, les pièces et titres que les recherches de M. de Fontanieu ont pû lui procurer sur le droit public de France.

Dans les différentes sources où M. de Fontanieu a puisé pour former ce recueil, son travail ne s'est pas borné à une compilation indigeste et sans choix ; il s'est attaché avec le plus grand soin et la plus scrupuleuse atten-tion à supléer, malgré la difficulté de la lecture d'une grande partie des pièces, les dates qui, sous quelques règnes, ont été absolument négligées ; il a de plus enrichi ses copies d'observations et même d'un nombre de dissertations sur les faits les plus importans de notre histoire, qui lui ont paru mériter d'être aprofondis, soit par la nouveauté de la découverte, soit parce qu'ils avoient été négligés ou mal discutés par les historiens.

Un dernier avantage que présente cette collection de M. de Fontanieu et la rend infiniment précieuse pour la Bibliothèque du Roi, c'est de former à l'aide de deux divisions exactes et méthodiques, une table et une concor-dance générale de toutes les pièces, qui sont contenües dans plus de deux mille six cent volumes, in-folio, sur l'histoire de France, conservés dans la Bibliothèque du Roi, et qui, venant de différents fonds de bibliothèques particulières, n'ont d'autres rapports entr'eux, que de rassembler une im-mense quantité de pièces, souvent les mêmes, mais toujours sans choix, sans arrangement, et sans indication qui puisse éclairer l'esprit dans la la recherche. L'ordre établi dans le recueil de M. de Fontanieu remédie à cette affreuse confusion, en réunissant tant d'objets divers, soit par l'indica-tion de la datte précise du volume et de la page du manuscrit, où la pièce se trouve, soit en épargnant la difficulté et le dégoût de la lecture de la pièce originale, par la copie même, ou la notice détaillée de cette pièce.

La seconde partie de la collection de M. de Fontanieu, que l'on doit placer dans la classe des manuscrits, est un recueil de pièces fugitives de 366 volumes, in-4°, reliés en veau. Ce second recueil contient environ huit à dix mille pièces imprimées ou manuscrites, bien choisies, et dont plusieurs sont très rares, lesquelles embrassent toute sorte de matières : Théologie, Jurisprudence, Sciences et Arts, Histoire et Belles-Lettres. Il est lié à la première partie par les notices qui ont été tirées de chaque pièce historique qu'il contient, pour les ranger sous l'ordre chronologique et sous la matière qui leur appartient dans la première ou seconde partie du premier recueil ; en sorte que ces notices, répandues dans ce premier recueil, rapellent fréquemment la pièce entière insérée dans le second. Cette espèce de méchanisme donne une prodigieuse facilité pour les recherches.

La seconde collection des manuscrits de M. de Fontanieu comprend ses propres ouvrages, au nombre d'environ deux cents volumes, tant in-folio qu'in-4°, sur différents objets, mais principalement sur l'histoire et le droit public de France. Il a joint à cette partie les papiers de ses intendances en Dauphiné et à l'armée d'Italie.

Ce qui forme la troisième collection des manuscrits de M. de Fontanieu, sont 266 volumes, la plus grande partie sur vélin, dont il a fait l'acquisition dans ses voyages. On y distingue un registre-journal de la recherche des nobles de Bourgogne, et un recueil de lettres originales d'Henry IV, touchant l'interdit de Venise, recueil d'autant plus important qu'il manque absolument à la Bibliothèque du Roy.

Ces deux dernières collections sont encore liées à la première par la même chaîne de notices, dont on a parlé plus haut.

Les Estampes.

Elles forment le second objet de la bibliothèque de M. de Fontanieu et se divisent en deux parties.

Dans la première sont comprises les estampes de toute espèce, en œuvres entières ou en parties détachées, de la main des plus grands maîtres, et recueillies avec le plus grand choix des épreuves. Il y en a plusieurs de ce genre, qui sont de la plus grande rareté.

La seconde partie est formée des plans et des dessins originaux, que M. de Fontanieu s'est procuré à très grands frais, pendant son séjour en Italie et dans le Dauphiné. On peut regarder surtout comme un ouvrage unique et des plus intéressans un recueil en sept volumes in-folio de plans et de cartes, dessinés et lavés à la main, tant sur papier que sur vélin, de plusieurs païs, villes, cours de rivières, dispositions de sièges et batailles, etc., soit en Europe, soit dans les autres parties du monde[1]. Les vrais connoisseurs sont seuls capables de voir d'un coup d'œil, combien de travaux sont épargnés dans les cas de nécessité par de pareils recueils.

Les Livres imprimés.

Ils sont au nombre d'environ dix mille volumes de toutes formes, sur les matières qui forment les cabinets ordinaires : Théologie, Jurisprudence, Sciences et Arts, Histoire et Belles-Lettres. Mais la partie la plus considérable, et qu'on ne craint pas d'assurer être des plus complètes, est sans contredit celle de l'Histoire et du Droit public de France, vers laquelle

---

1. Bibliothèque nationale, mss. français 6174-6180.

M. de Fontanieu paraît avoir plus particulièrement tourné ses recherches et ses études.

Parmi ces livres imprimés, on en peut compter une assez grande quantité de rares ; mais, en se réduisant à ceux qui manquent à la Bibliothèque du Roi, on a reconnu qu'il y en a au moins mille à douze cent, et ce sont des livres d'autant plus importants, que la plus grande part sont ce qu'on appelle des livres majeurs d'histoire, de poësie ou de romans italiens, qu'un long séjour en Italie et des recherches, éclairées par le goût et le discernement, ont procuré à M. de Fontanieu.

Conclusion.

Telle est l'idée qu'on peut donner de la bibliothèque de M. de Fontanieu. Plusieurs personnes qui en connaissent toute l'importance, l'ont flatté qu'elle pourrait être utile à la Bibliothèque du Roy. Sa plus grande satisfaction eût été de pouvoir l'offrir à Sa Majesté ; mais les dépenses où elle l'a engagé et le peu d'objet de la fortune, qui lui restent, ne permettent pas à son zèle de priver son fils d'un fond qui fait partie de son patrimoine. Il est certain en effet qu'à ne compter que la dépense du papier de ses manuscrits, les Portefeuilles qui les renferment, les titres originaux qui y sont insérés, le travail de quatre commis qu'il a constamment employés pendant quatorze ou quinze ans, l'achat des pièces fugitives, les reliures, etc., il est certain que ces différents objets de dépense doivent être évalués à soixante mille livres au moins, encore ne fait-on point entrer dans cette somme son travail particulier, ni ses propres ouvrages, que sa modestie l'empêche de regarder comme un objet digne d'être présenté à son maître.

Ses estampes et ses livres imprimés valent pour le moins soixante autres mille livres.

Mais on a parole de M. de Fontanieu qu'il se contentera de la somme de quatre-vingt-dix mille livres, pour laquelle il souscrira volontiers à tous les arrangemens que Monseigneur le comte de Saint-Florentin voudra prendre, ou pour en faire la rente, ou pour l'acquiter actuellement. On n'ajoute qu'un mot : la bibliothèque de M. Fontanieu est une des plus belles acquisitions que puisse faire la plus belle bibliothèque du monde.

Il est ainsi ès originaux desdits états, paraphés dudit seigneur comte de Saint-Florentin et dudict sieur de Fontanieu, et demeurés annexés à la minutte du contract de vente, dont expédition est cy-devant ; le tout étant en la possession dudit Mᵉ Dutartre, notaire.

DENIS.   DUTARTRE.

Plus bas, la mention : « Scellé lesdits jours et an. — R. xiii s. » — Le sceau plaqué des notaires au Châtelet porte la légende : « Scel aux contracts not. au Chlt. de Paris. »

On a vu qu'il était expressément spécifié par l'article 2 de l'acte de vente qu'aussitôt après la cession faite par Fontanieu de sa bibliothèque, il en devait être rédigé un catalogue détaillé, en double exemplaire. Jean Capperonnier, garde des Imprimés de la Bibliothèque du roi, fut chargé de ce soin et l'inventaire général des collections de Fontanieu, qu'il commença le 1er décembre 1765, ne fut terminé qu'à un an de là, le 3 décembre 1766. Les deux exemplaires de cet inventaire sont aujourd'hui conservés à la Bibliothèque nationale. Celui qui était destiné à Fontanieu est relié en maroquin rouge à ses armes et porte le n° 13007 du fonds français[1]; il est classé à côté du Catalogue général de la bibliothèque de Fontanieu (mss. fr. 13008-13014)[2] et du Catalogue particulier des livres de son fils (ms. fr. 13015). Le second exemplaire, simplement relié en parchemin vert, était destiné à la Bibliothèque du roi; longtemps conservé dans l'ancien fonds des Catalogues (n° 221), il est aujourd'hui inscrit sous le n° 5732 des nouvelles acquisitions du fonds français.

La première partie de cet inventaire, imprimée plus loin, est exclusivement relative aux manuscrits de la bibliothèque de Fontanieu; elle comprend trois grandes séries : 1° les *Portefeuilles;* — 2° les *Œuvres de Fontanieu;* — 3° les *Manuscrits divers.*

---

1. L'inventaire des manuscrits occupe les 44 premières pages, les estampes suivent aux pages 45-50, et les livres imprimés aux pages 51-511, dans l'exemplaire de Fontanieu; les 42 premières pages, pages 43-48 et 49-508 dans l'exemplaire de la Bibliothèque.

2. La bibliothèque de Fontanieu était classée dans l'ordre méthodique suivant, à chacune des divisions duquel correspondait une des lettres de l'alphabet : *A.* Écriture sainte. — *B.* Droit canon. — *C.* Droit civil. — *D.* Philosophie. — *E.* Sciences et arts. — *F.* Grammaires et dictionnaires. — *G.* Orateurs. — *H.* Poètes. — *J.* Romans. — *K.* Philologie. — *L.* Mélanges littéraires. — *M.* Géographie et histoire universelle. — *N.* Histoire ecclésiastique. — *O.* Histoire ancienne. — *P.* Histoire de France. — *Q.* Histoire d'Italie. — *R.* Histoire d'Allemagne. — *S.* Histoire d'Angleterre. — *T.* Histoire d'Espagne. — *V.* Histoire des pays du Nord. — *X.* Histoire de Turquie et d'Asie. — *Y.* Histoire de l'Afrique et de l'Amérique.

On trouvera plus loin les cotes de ce classement employées pour les œuvres de Fontanieu et pour les manuscrits de sa bibliothèque.

INVENTAIRE DE LA BIBLIOTHÈQUE DE FONTANIEU

(1765-1766)

Inventaire fait par nous Jean Capperonnier, garde général de la Bibliothèque du Roy, en exécution de l'arrest du Conseil du vingt quatre aoust mil sept cent soixante-cinq et du contract de l'acquisition faite en conséquence par devant notaire, au Châtelet de Paris, le vingt-sept desdits mois et an par Monseigneur Louis Phélyppeaux, comte de Saint-Florentin, ministre et secrétaire d'État, pour et au nom de Sa Majesté, de la bibliothèque de Monsieur Gaspard-Moyse de Fontanieu, conseiller d'État ordinaire, intendant et controlleur général des meubles de la Couronne, pour l'exécution desquels arrests du Conseil, contract de vente et ordres de mondit seigneur comte de Saint-Florentin, nous nous sommes transportés, le premier décembre mil sept cent soixante-cinq, en la maison occupée par mondit sieur de Fontanieu, faisant partie du Garde-meuble du Roy, quay et cul de sac de Conty, paroisse St André-des-Arts, où estant, ledit sieur de Fontanieu nous a fait ouvrir les pièces de ladite maison, armoires et tablettes, où se trouve déposée la bibliothèque acquise par Sadite Majesté, à la description et inventaire de laquelle nous avons commencé à vaquer ledit jour premier décembre mil sept cent soixante-cinq et continué nos séances les jours suivans jusques à la clossure dudit inventaire, en présence de mondit sieur de Fontanieu, ainsy qu'il suit.

Inventaire fait par nous Jean Capperonnier, garde de la Bibliothèque du Roy, de la bibliothèque de M. de Fontanieu, vendue au Roy par mondit sieur de Fontanieu, en exécution du contrat de ladite vente, passé par devant Maître Du Tartre et son confrère, notaires à Paris, le 27 aoust 1765.

I

MANUSCRITS

Recueil et titres sur l'histoire de France, faits par M. de Fontanieu, divisé en deux parties : la première concernant les Faits historiques ; la seconde concernant le Droit public.

I

TITRES CONCERNANT L'HISTOIRE DE FRANCE DEPUIS LA PREMIÈRE RACE
DE NOS ROIS JUSQU'A LOUIS XV.

Portefeuilles.	Cottes.	Nombre
Préliminaires.		
Première race de 481 à 750.	1	1
Seconde race, de 750 à 987.		
Préliminaires généalogiques de Hugues Capet		
à la Couronne	2-3	2
Hugues Capet, du 3 juillet 987 à 996.		
Robert, de 996 au 20 juillet 1031.	4	1
Henry Ier, du 20 juillet 1031 à 1060.	5	1
Philippe Ier, de 1060 à 1108.	6-7	2
Louis VI, dit le Gros, de 1108 au 1er aoust 1137.	8-10	3
Louis VII, dit le Jeune, du 1er aoust 1137 à 1180.	11-19	9
Philippe II, dit Auguste, de 1180 au 25 juillet 1223.	20-36	17
Louis VIII, du 25 juillet 1223 au 8 novembre 1226.	37-38	2
Saint Louis, IXe du nom, du 8 novembre 1226 à 1270.	39-46	8
Philippe le Hardy, de 1270 à 1285	47-48	2
Philippe le Bel, de 1285 à novembre 1314. . . .	49-61	13
Louis Hutin, de novembre 1314 à 1316.	62	1
Philippe le Long, de 1316 à 1321.	63-65	3
Charles le Bel, de 1321 à 1328.	66-68	3
Philippe de Valois, de 1328 au 22 aoust 1350. . .	69-77	9
Jean, du 22 aoust 1350 à 1364.	78-86	9
Charles V, de 1364 à 1380.	87-96	10
Charles VI, de 1380 à 1422.	97-110	14
Charles VII, de 1422 à 1461.	111-124 et 125	15
Louis XI, de 1461 à 1483.	126-138 et 139	14
Charles VIII, de 1483 à 1498.	140-144 et 145	6
Louis XII, de 1498 au 1er janvier 1515.	146-152 et 153	8
François Ier, du 1er janvier 1515 au 31 mars 1547. .	154-243 et 244	91
Henry II, du 31 mars 1547 au 10 juillet 1559. . .	245-276 et 277	33
François II, du 10 juillet 1559 au 5 décembre 1560.	278-279 et 280	3
Charles IX, du 5 décembre 1560 à 1574.	281-312 et 313	33
Henry III, de 1574 à 1589.	314-366 et 367	54
Henry IV, de 1589 au 14 may 1610.	368-424 et 425-427	60
Louis XIII, du 14 may 1610 au 14 may 1643. . .	428-449 et 450-452	25

Portefeuilles.

	Cottes.	Nombre.
Louis XIV, du 14 may 1643 au 1ᵉʳ septembre 1715.	453-460 et 461-463	11
Louis XV, du 1ᵉʳ septembre 1715 à.	464-474 et 475	13*
Mémoires généraux sur l'histoire de France, . .	477	

Nota. — De ces treize Portefeuilles les dix premiers contiennent autant de volumes de pièces reliées.

II

SECONDE PARTIE CONCERNANT LE DROIT PUBLIC DE FRANCE

ÉGLISES.

Église en général.	478	1
Églises particulières, par ordre alphabétique	479-486	8

ORDRES RELIGIEUX.

Ordres religieux en général. . . . . }	487	1
Ordres religieux en détail, par ordre alphabétique d'*A* à *F*.}		
Suite des Ordres religieux, par ordre alphabétique . . .	488	1
Ordres religieux et militaires, par ordre alphabétique . .	489	1

MATIÈRES ECCLÉSIASTIQUES, par ordre alphabétique, savoir :

Appels au futur Concile . . . . }	490	1
Appels comme d'abus. . . . . }		
Autorité des papes et leur prétendue infaillibilité . . . . }		
Autorité des princes séculiers dans les affaires de l'Église.}		
Biens temporels des ecclésiastiques . . . . }	491	1
Canonisations . . . . }		
Cardinaux . . . . }		
Censures . . . . }		
Clergé de France et ses assemblées. . . . . }		
Conciles	492	1
Conclaves. . . . . }	493	1
Croisades . . . . }		
Décimes . . . . }		
Diaconnesses . . . . }		

	Cottes.	Nombre
De la discipline de l'Église de France et de ses usages particuliers, par M. Le Merre, avocat du Clergé; ouvrage très important, non imprimé, 2 vol. in-4°, reliés	494-495	2
Dispenses.		
Diverses affaires de l'Église.		
Diverses matières.		
Dîmes	496	1
État ecclésiastique		
Évêques et instructions de leurs procès.		
Excommunications		
Hérésies et hérétiques.	497	1
Histoire ecclésiastique.		
Immunités ecclésiastiques	498	1
Impositions		
Recueils des pièces concernant les affaires du Clergé au sujet du XX° et autres impositions, en 16 vol. in-4°, reliés en veau; ce recueil est le plus complet qu'on ait pu rassembler, tant pour les pièces imprimées que pour les pièces non imprimées, dont un grand nombre sont uniques	499-514	16
Indults.		
Information de vie et mœurs des nommés aux Prélatures		
Inquisitions.	515	1
Interdits		
Juridiction ecclésiastique		
Légats et leurs pouvoirs en France, et nonces	516	1
Libertés de l'Église gallicane		
Liturgies et cérémonies		
Mariages des esclésiastiques et clercs mariés	517	1
Prêtres.		
Provisions aux bénéfices.	518	1
Questions canoniques		
Réformations de l'Église	519	1
Régale		
Résidence des Évêques.		
Sacrements		
Schismes	520-521	
Serment de fidélité au Roy par les évêques.	522-523	4
Simonie.		
Universités.		
Usure.		

MATIÈRES DE GOUVERNEMENT.

	Cottes.	Nombre
Gouvernement en général.	524	1
Gouvernement intérieur du Royaume.		
États du Royaume, tant généraux que particuliers.	525	1
Minorités des Rois.		
Régences	526	1
Majorités des Rois.		
Politique avec les étrangers.	527	1
Précautions pour la tranquilité de l'État.	528	1
Noblesse.		
Communes.		
Population.		
Subsistances pour les peuples ; Agriculture (voyez le porte-feuille 635, Finances).	529-530 et 531	3
Subsistances des pauvres.		
Établissemens pour l'instruction de la jeunesse.		
Lois somptuaires.		
Postes et relais.		
Eaux et forêts (Voyez le portefeuille 623, Juridiction).		

SUCCESSION A LA COURONNE.

	Cottes.	Nombre
Succession à la Couronne, en général.		
Questions sur la succession à la Couronne après la mort de Henry III.	532 et 533	2
Succession des princes légitimés à la Couronne.		
Prétentions des princes Lorains à la succession à la Couronne.		
Prétentions des princes étrangers à la Couronne.		
Renonciations.		

PRÉROGATIVES DE LA COURONNE.

	Cottes.	Nombre
Prérogatives générales de la Couronne.		
Prérogatives particulières de nos Rois.	534 et 535	2
Préséance des rois de France sur les autres souverains de l'Europe.		

MAISON DU ROY, DE LA REINE ET DES ENFANS DE FRANCE.

	Cottes.	Nombre.
Maison du Roy.		
Chapelle..	536	1
Cérémonies ecclésiastiques.		
Maison militaire du Roy.		
Service domestique du Roy, bouche et sept offices.	537	1
Service domestique, chambre		
Écurie.		
Maison de la Reine	538	1
Maison des Enfans de France		
États généraux des officiers domestiques, qui composent la Maison du Roy.		
Maison du roy Henri II, en 1 vol. relié	539	1
Suite des États généraux des officiers domestiques, qui composent la Maison du Roy		
Suite de la Maison de Catherine de Médicis, volume relié.	540	1
Bâtimens.		
Meubles et joyaux		
Droits des officiers		
Privilèges des officiers commansaux des Maisons du Roy et de la Reine	541	1
État de dépenses.		
Règlemens pour la police de la Cour		
Règlemens des fonctions des officiers du Roy.	542 et 543	2
Logemens.		
Maisons de princes autres que les Enfans de France		

OFFICES.

	Cottes.	Nombre.
Offices en général.		
Grands Officiers de la Couronne.	544	1
Offices : Connétable.		
— Chancellier.	545	1
— Grand Maître.		
— Grand Chambrier		
— Grand Chambellan.		
— Grand Boutellier de France		

	Cotes.	Nombre.
Offices : Grand Maître des arbalétriers et de l'artillerie de France.	546	1
— Amiral		
— Maréchaux de France		
— Grand Aumônier		
— Grand Veneur et Vénerie		
— Grand Écuïer		
— Colonel général de l'infanterie		
— Grand maréchal de logis		
— Grand Prévôt		
— Grand Voyer	547	1
Offices concernant le Ministère; lieutenants-généraux du royaume		
Secrétaires d'État.		
Pouvoir de généraux d'armée (Voyez le Portefeuille 631, Guerre).	548	1
Offices militaires; Gouverneurs de provinces.		
Gouvernement de Paris		
Offices de judicature		
Offices de finances	549 et	3
Offices municipaux.	550-551	
Offices divers		

CONTRACTS DE MARIAGES.

	Cotes.	Nombre.
Contracts de mariages en général	552	1
Mariages des rois de France, par ordre chronologique.		
Contracts de mariages des princes du sang et légitimés de France, par ordre chronologique.	553-554	2
Mariages des princesses du sang de France, par ordre chronologique.	555-556	2
Mariages des souverains et princes étrangers, par ordre chronologique	557	1
Mariages des seigneurs et particuliers, par ordre alphabétique des noms des maris.	558-561	4
Dissolutions de mariages.	562-563 et 564	3

TESTAMENTS.

	Cotes.	Nombre.
Testaments des rois et reines de France, par ordre chronologique.	565	1

	Cottes.	Nombre.
Testaments des princes et princesses de France, par ordre chronologique	566	1
Testaments des souverains et princes étrangers, par ordre chronologique	567	1
Testaments des seigneurs et particuliers, par ordre alphabétique	568-571 572 et 573	6

GÉNÉALOGIES.

Généalogies en général.		
Généalogie de la Maison royale	574	1
Généalogie des princes du sang de France.		
Généalogie des souverains et princes étrangers, par ordre alphabétique.	575-576	2
Recueil abrégé des principales Maisons du Royaume, quatre tomes en trois volumes in-4°, sur vélin, d'une très belle écriture, par M. de Clérambault, l'oncle ; les blasons sont parfaitement enluminés	577-579	3
Généalogies des Maisons illustres, volume in-4°, formant le 3ᵉ tome du recueil cy-dessus, sur papier, relié en veau, avec les blasons enluminés, par M. de Clérambault, l'oncle.	580	1
Généalogies des seigneurs et particuliers, tant françois qu'étrangers, par ordre alphabétique	581-584 et 585	5

ÉTAT DES PERSONNES.

État des personnes en général.		
Personnes ecclésiastiques	586	1
Dignités		
Émancipations.		
Ordre dans les familles.		
État des femmes et veuves		
Tuteurs et mineurs.	587	1
Bâtards et légitimations		
Étrangers et aubains		
Naturalisations.		
Chevalerie		
Noblesse et annoblissement	588	1
Maisons de grands seigneurs		
Bougeoisies et rotures.		

Cottes. Nombre.

Prisonniers de guerre et rançons. . . . . }
Rangs des grands à la Cour et entre eux. . . . . } 589   1
Privilèges. . . . . }
Servitudes et affranchissements . . . . } 590-591   2
Hommes illustres. . . . . }

PROCÈS CRIMINELS.

Procès criminels en général, et l'effet des jugements. . . .   592   1
Procès criminels et particuliers, par ordre alphabétique. .   593-596 }
                                 et 597 } 5

PAIRIES.

Mémoires généraux. }
Pièces concernant les droits et prérogatives des Pairs, par } 598   1
   ordre chronologique. . . . . }
Suite des pièces concernant les droits et prérogatives des
   Pairs en général, par ordre chronologique.   599   1
Pairies, par ordre alphabétique 600-601-602   3

DROIT FÉODAL.

Droit féodal en général . . . . }
Suzeraineté. . . . . } 603   1
Justice féodale. }
Hommages . . . . } 604   1
Droits féodaux. }
Reconnaissances . . . .)
Services militaires . . . . |
Dixmes seigneuriales . . . . |
Droit de monnoye . . . . |
Rentes foncières . . . . | 605 et 606   2
Douaires des veuves sur les fiefs en Normandie. . . . |
Fiefs de danger . . . . |
Bail et rachapt au pays du Maine . . . . |
Extinction et amortissement de fiefs . . . . |
Franc-alleu . . . .)

Ordonnances, 6 volumes in-4°, reliés en veau, contenant
  les anciennes Ordonnances de nos Roys de la 3ᵉ race
  jusqu'en 1350. Ce recueil est absolument différent de la

	Cottes.	Nombre.
collection des anciennes Ordonnances de nos Roys, imprimées au Louvre, et toutes les pièces sont rangées par matières	607-612	6
Suite des Ordonnances; pièces particulières	613 et 614-616	4

JURISDICTIONS.

	Cottes.	Nombre.
De la jurisdiction en général		
Discussions entre les jurisdictions ecclésiastiques et les séculières	617	1
Jugemens des évêques et autres ecclésiastiques.		
Conseil du Roy.		
Maîtres des Requêtes	618	1
Chancellerie.		
Commissions particulières		
Intendances.		
Grand Conseil	619	1
Prévoté de l'hôtel.		
Maréchaux de France		
Des Parlements en général		
Parlement de Paris		
Parlement de Toulouse	620	1
Parlement de Provence		
Parlement de Grenoble		
Parlement de Bordeaux		
Parlement de Dijon		
Parlement de Bretagne		
Parlement de Roüen.		
Parlement de Flandres.	621	1
Parlement de Pau		
Parlement de Bezançon		
Parlement de Doüai.		
Parlement de Metz		
Conseils souverains.		
Grands Jours		
Chambre mi-partie		
Chambre de justice		
Chambres des Comptes	622	1
Bureaux des finances et Trésoriers de France.		
Cours des Aides		
Cours des Monnoyes.		

Cottes. Nombre.

Gens du Roy . . . .
Commitimus aux Requêtes de l'Hôtel et du Palais. . . .
Eaux et forêts (Voyez le portefeuille 529, Matières de gouvernement) . . . .
Présidiaux . . . .
Prévotés, bailliages, sénéchaussées, chatellenies, etc. . . **623** **1**
Voirie . . . .
Amirautés . . . .
Hôtel de ville de Paris. . . . .
Greuier à sel. . . . .
Consuls . . . .
Jurisprudence, jugements particuliers . . . .
Justice, règlements pour son administration et jurisprudence . . . .
Formes judiciaires **624-625** **3**
Avocats et procureurs. . . . . **et 626**
Discipline et cérémonial des Cours. . . . .
Privilèges des Cours supérieures. . . . .
Cours supérieures étrangères . . . .

GUERRE.

Guerre en général . . . .
Règlements généraux militaires **627** **1**
Amnisties . . . .
Armemens et artilleries . . . .
Ban et arrière-ban . . . .
Butin et prisonniers de guerre. . . . .
Châtiments militaires **628** **1**
Déclarations de guerre . . . .
Dépenses militaires . . . .
Écoles militaires . . . .
Enseignes, tentes et pavillons militaires. . . . . . .
Fonctions d'officiers militaires . . . .
Fortifications **629** **1**
Jouxtes et Tournois. . . . .
Guerre particulière et duels . . . .
Guet et garde . . . .
Hôpitaux et soldats invalides . . . .
Impositions pour la guerre . . . .
Droit de marque et représailles **630** **1**
Munitions de guerre et de bouche . . . .
Police militaire . . . .

24   H. OMONT.

	Cottes.	Nombre.
Pouvoir des généraux d'armées (Voyez le Portefeuille 548, Offices)		
Privilèges des gens de guerre		
Rangs des troupes entre elles		
Récompenses militaires	631-632 et 633	3
Redevances des vassaux à leurs seigneurs en cas de guerre.		
Relations des sièges, batailles et campagnes		
Sauve-gardes		
Serments et enrollements des gens de guerre.		
Subsistance des troupes		
Troupes anciennes de différentes espèces		

FINANCES.

	Cottes.	Nombre.
Finances en général		
Amortissements, Francs-fiefs et Nouveaux acquets . . .	634	1
Annuel et Paulette		
Commerce et agriculture (Voyez le Portefeuille 529, Matières de gouvernement).		
Domaines et bois.		
Dons et acquets		
Dons et confiscations		
Dons gratuits par le Clergé, les Provinces et les Villes .		
Emprunts.	635	1
Épargne et Trésor royal		
États des finances		
Fermes et Gabelles		
Impositions particulières.		
Joyeux avénements.		
Mines et minières.		
Monnoyes.		
Monnoyes des seigneurs dans le Royaume.	636	1
Octrois.		
Pensions		
Projets de finances		
Recherches des financiers		
Rentes de la Ville et du Clergé	637-638	2
Sistême de Law		
Tailles.		

COMMERCE.

	Cottes.	Nombre.
Commerce en général		
Or et argent considérés comme marchandises.		
Commerce, Manufactures. . , ...	639	1
Privilèges exclusifs		
Canaux et grands chemins		
Traités de commerce avec les puissances étrangères . . .		
Commerce avec les étrangers en Europe.	640	1
Privilèges accordés aux étrangers commerçans en France.		
Droits du Roy sur le commerce		
Commerce des productions du Royaume, tant à l'intérieur qu'à l'extérieur; pièces en volumes encartonnés . . .	641	1
Foires; pièces et vol. brochés, concernant la Conservation de Lyon et les jurisdictions consulaires	642	1
Commerce des nations étrangères entre elles.	643-644	2
Commerce en Asie, Afrique et Amérique.		

MARINE.

Marine en général	645-646	2
Marine militaire		
Marine commerçante		

DIVERSES MATIÈRES.

Mœurs et usages	647-648	2
Juifs.		
Diverses matières singulières		

PROVINCES.

Provinces en général	649-666 et	21
Provinces, par ordre alphabétique	667-669	

HISTOIRE ET AFFAIRES ÉTRANGÈRES.

	Cottes.	Nombre.
Histoire et affaires étrangères en général . . . . . . } Histoire étrangère, par ordre alphabétique . . . . . . }	670	1
Suite de l'histoire étrangère, par ordre alphabétique . . }	671-683 et 684-686 }	16

DOMAINES ET DROITS DOMANIAUX.

	Cottes.	Nombre.
Domaine en général . . . . } Domaine-Limites . . . . }	687	1
Domaine en particulier; provinces et seigneuries du Royaume, par ordre alphabétique, ...	688-694	7
Droits domaniaux	695	1
Domaine-Appanages; Appanages en général . . . . . } Appanages en particulier, par ordre chronologique. . . } Douaires des reines . . . . }	696	1
Droits du Roy sur divers pays en général . . . . . . } Droits du Roy sur les pays étrangers en particulier, par } ordre alphabétique . . . . }	697	1
Extraits de la Chambre des Comptes de Paris, par Monsieur } Menant, maître des Comptes, de tous les titres concer- } nant le domaine de la Couronne, par ordre alphabétique. }	698-702 et 703-704 }	7
Extraits des Registres du Parlement de Paris, commençant en novembre 1364 et finissant en novembre 1465, vol. in-4°, broché	705	1
Extraits des Registres du Parlement de Paris, concernant les faits qui peuvent servir à l'histoire générale du Royaume, depuis l'année 877 jusqu'en 1594, en deux par- ties, volume in-4°, relié en veau	706	1
Extraits des livres de chartres de la Chambre des Comptes.	707	1
Notices et inventaires des titres; quatre parties, brochées séparément, une encartonnée et pièces	708-710	3
Pièces sans dates et sans titres	711	1

SOLEMNITÉS.

	Cottes.	Nombre.
Solemnités en général . . . . } Sacre et couronnement des roys de France en général . . }	712	1

	Cottes.	Nombre.
Sacre et couronnement des roys de France, par ordre chronologique . . . . Couronnement des roys de France . . . . Sacres et couronnement des souverains étrangers. . . .	713	1
Entrées, réceptions et voyages des roys de France dans la capitale et autres villes du royaume.	714	1
Suite des Entrées, réceptions et voyages des rois de France; pièces et un vol. relié . . . . Entrées, réceptions et voyages des reines de France, par ordre chronologique	715	1
Entrées, réceptions et voyages des souverains étrangers dans les villes et à la cour de France . . . . Entrevues des souverains en général et en particulier . .	716	1
Entrées, réceptions et voyages des princes, princesses, ministres, légats, ambassadeurs, prélats, etc., tant dans les villes de France que dans les cours et pays étrangers.	717	1
Publications de paix, alliances et déclarations de guerre . Fêtes et réjouissances	718	1
Processions	719	1
Mariages	720	1
Naissances, baptêmes et convalescences.	721	1
Cérémoniaux du Parlement. . . . . Diverses cérémonies	722	1
Rangs, séances et préséances	723	1
Enterremens, convois, funérailles, obsèques, pompes et services funèbres des rois de France, par ordre chronologique; pièces et volume relié en parchemin	724	1
Enterremens, convois, funérailles, obsèques, pompes, et services funèbres des princes et princesses du sang de France, par ordre chronologique . . . . Enterremens, convois, funérailles, obsèques, pompes et services funèbres des Grands officiers de la couronne et personnages élevés en dignité : connétables, chanceliers, ducs, cardinaux, archevêques, maréchaux de France, ministres, ambassadeurs, magistrats et officiers de cour souveraine.	725	1
Enterremens, convois, funérailles, obsèques, pompes et services funèbres des rois, reines, princes, princesses, ministres et seigneurs étrangers.	726 et 727-803	78

Nota. — Des 803 portefeuilles cottés cy-dessus, il n'y en a que 631 de pleins, les autres sont vuides pour servir aux nouvelles augmentations. . . . .

Colles. Nombre.

Cartulaire général de Dauphiné, depuis l'an 485 jusques en
1719. 12 volumes in-4°[1]; les deux derniers volumes sont
des Mémoires concernant le Dauphiné, pour servir à l'explication des actes les plus importans du Cartulaire de
cette province, par Monsieur de Fontanieu 12

Recueil de mémoires, dissertations, lettres et autres ouvrages critiques, historiques et littéraires sur la théologie, la jurisprudence, l'histoire, la philosophie et les
belles-lettres, in-4° 366

Deux tables de matières du Recueil cy-dessus, dont
6 volumes in-folio et 4 in-quarto . . . . } 10

Nota. — Toutes les pièces imprimées et manuscrits de ce
recueil, qui concernent l'histoire de nos roys, de la
monarchie et le droit public de France, sont rappelées
par notice dans le grand Recueil des titres sur l'histoire
de France en 631 vol. in-4°, formant une concordance
continuelle et nécessaire, en sorte que ces deux recueils
ne sauraient être séparés.

1191

On observera que les douze volumes du Cartulaire du Dauphiné, les trois
cent soixante-six volumes du Recueil des pièces fugitives, et les dix volumes
des deux tables des matières de ce Recueil, énoncés ci-dessus, ont tous été
estampillés conformément à l'arrest du Conseil et au contrat de vente,
mais qu'on s'est contenté d'estampiller les Portefeuilles du Recueil des
titres concernant l'histoire de France formé par M. de Fontanieu, par la
raison que ces Portefeuilles consistent en pièces détachées, dont le nombre
n'est point fixe et qui doit augmenter par le travail dont s'occupe M. de
Fontanieu. Cette raison s'est déjà vérifiée, puisque, lors de l'arrest qui a
ordonné la vente, la collection de ces Portefeuilles ne montoit qu'à six cents
trente-un, et qu'aujourd'hui elle est poussée à huit cents quarante-deux.

---

1. Bibliothèque nationale, mss. latins 10954-10965.

II

OUVRAGES MANUSCRITS PAR M. DE FONTANIEU

In-folio.

Mss. français.		VOLUMES.	
		Cottes.	Nombre.
10788-10792.	Traité de droit public sur différentes parties, in-folio C	43	5
12608.	La Rosalinde, imitée de l'italien par M. de Fontanieu, in-folio, minutte . . . . J	22	1
13089.	Remarques d'histoire et de belles-lettres, in-folio. M	35	1
11251.	Journal de la guerre d'Italie, commencée en l'an 1733, in-folio . . . . P	100	1
8353-8355.	Histoire de Dauphiné, in-folio, maroquin bleu . P	111	3
8356-8358.	Minutte de la meme histoire, in-folio, basane. . P	112	3
8359.	Mémoires généraux sur la province de Dauphiné, in-folio . . . . P	116	1
8360.	Mémoires généraux sur toutes les fermes du Roy en Dauphiné, in-folio. . . . . P	117	1
8361.	Dénombrements généraux des habitans, productions et bois de Dauphiné, in-folio . . . . . P	118	1
8362-8476.	Opérations de correspondances de l'intendance de Dauphiné, depuis 1724 jusques en 1740, pendant que Monsieur de Fontanieu a été chargé de ladite intendance		
	Nota. — Cette collection renferme toutes les lettres originales reçues par M. de Fontanieu, distinguées par année et par ordre de matières, et les volumes de réponses aux dites lettres, distingués par année, avec 9 volumes de mémoires qui ont accompagné les réponses, in-folio . . . . P	120	115

---

1. Ces cotes se rapportent à l'ordre méthodique adopté pour le Catalogue général de la bibliothèque de Fontanieu et dont on trouvera le tableau plus haut, p. 12, note 1. En regard de chacun des articles des deux listes suivantes on a ajouté la cote actuelle (dans le *fonds français*, à moins d'indication contraire) attribuée à la Bibliothèque nationale aux manuscrits provenant de Fontanieu.

Mss. français.

		VOLUMES.	
		Cottes.	Nombre
10793.	Suite des mêmes traités; Régences in-folio. . .	P 160	1
7494.	Régence du Royaume, in-folio, minutte	P 161	1
8973.	Tableau de la Compagnie des Indes en 1702, in-folio	P 216	1
8134.	Nouvel arrangement des Hôpitaux, in-folio. . .	P 232	1
11314.	Mémoires concernant la Marine, in-folio. . . .	P 244	1
10794.	Suite des mêmes traités ; Pairies, in-folio . . .	P 275	1
10795.	Traités de droit public; Grands officiers de la Couronne, in-folio.	P 277	1
9038.	Mémoire sur le Milanois en 1736, in-folio, minutte.	Q 20	1
9039.	Mémoire sur le Milanois en 1736, in-folio, veau.	Q 21	1

Volumes in-folio sans cottes.

9181-9183.	1) Caractère d'écriture de toutes les nations, depuis le commencement du monde, in-folio. .	4
	Nota. — De ces quatre volumes, deux sont reliés, un est en forme de boëte et l'autre en portefeuille, contenant des matériaux pour suivre l'ouvrage.	
11334-11339.	2) Liquidation des dettes de la Marine en 1758, in-folio, première partie	3
	Seconde partie du même ouvrage, in-folio . . .	3
11340-11342.	3) Mémoires sur la Marine, in-folio	3
6206.	4) État général de tout ce qui est nécessaire au greyment des vaisseaux, in-folio	1
10955-10957.	5) Plaidoyers et harangues en 1712 et 1713, in-folio.	3
12370.	6) Mémoires sur la guerre, in-folio	1
11418-11419.	7) Mémoires sur différentes parties de l'administration, in-folio	2
10888.	8) Dissertation sur le remplacement par élection de l'office de Chancellier et de toutes les magistratures du Parlement, in-folio.	1
10449.	9) Histoire de Charles VII, in-folio, minutte . . .	1
10450.	10) Histoire de Charles VIII, in-folio, minutte. .	1
7011-7012.	11) Deux boëtes de minuttes, dont la première commence par Noblesse : *Origine de la Noblesse de France*, et la seconde par R. : *Reines de France*, in-folio	2

In-quarto.

Mss. français.		VOLUMES.	
		Cottes.	Nombre
14047-14049.	Plaidoyers et harangues, par M. de Fontanieu, in-4°.	C 41	3
14632.	Premier volume du Code Frédéric, avec des observations manuscrites, in-4°.	C 50	1
14050.	Recueil de divers Discours, par M. de Fontanieu, en différentes occasions, in-4°	G 15	1
14930.	Le Xénophon d'Éphèse, in-4°, marroquin rouge.	J 21	1
14931.	Le Xénophon d'Éphèse, in-4°, minutte. . . .	J 21²	1
14932.	Le Xénophon d'Éphèse, in-4°, parchemin vert. .	J 21³	1
15119-15120.	La Rosalinde, in-4°, minutte	J 22	2
15330.	Œuvres mêlées de M. de Fontanieu, in-4°. . . .	L 1	1
Lat. 10949-10953.	Preuves de l'histoire de Dauphiné, in-4°	P 113	5
13675.	Journal historique, extrait de Guy Patin, in-4°, minutte.	P 71	1
13676-13677.	Le même Journal historique, in-4°	P 71	2
14014.	Traité des Régences, in-4°, encartonné, minutte.	P 120	1
14013.	Traité des reines de France, in-4°, minutte. . .	P 121	1
14010-14012.	Droits du Roy sur les pays possédés par les étrangers, in-4°.	P 130	3

Volumes in-quarto sans cottes.

13756-13757.	1) Histoire de Charles VII, in-4°	2
13759-13760.	2) Histoire de Charles VIII, in-4°	2
14864-14866.	3) Mémoires sur la guerre, in-4°	3
14097-14098.	4) Projets de finance, in-4°	2

In-octavo, etc.

14017.	Formule de la prononciation des arrêts du Grand Conseil, in-12.	1

III

MANUSCRITS DE LA BIBLIOTHÈQUE DE MONSIEUR DE FONTANIEU
AUTRES QUE CES RECUEILS DE TITRES ET OUVRAGES

In-folio.

Mss. français.

			VOLUMES.	
			Cottes.	Nombre.
Lat. 9381.	Biblia sacra latina; ms., v., in-fol.	A	1	1
Lat. 9399.	Commentarii in Leviticum, Numeros et Deute-ronom.; ms., v., in-folio	A	2	1
Lat. 9400.	Commentarii in Numeros; ms., in-folio	A	3	1
Lat. 9407.	Commentarii in libros Josue, Ruth et quatuor Regum; ms., v., in-folio	A	4	1
Lat. 9409.	Commentarii in quatuor libros Regum; ms., v., in-folio	A	5	1
Lat. 9577.	Expositio in Psalmos; ms., v., in-folio. . . .	A	6	1
Lat. 8872.	Commentarii in omnes Psalmos; ms., v., in-folio.	A	7	1
Lat. 8875.	Canticum canticorum; ms., v., in-folio . . .	A	8	1
Lat. 9413.	Commentarii in Ecclesiasten, Canticum canti-corum et Sapientiam; ms., v., in-folio . . .	A	9	1
Lat. 8876.	Glossæ in Isaïam et Jeremiam; ms., v., in-folio.	A	10	1
Lat. 9415.	Glossæ in Jeremiam; ms., v., in-folio	A	11	1
Lat. 9416.	Glossæ in duodecim Prophetas; ms., v., in-folio.	A	12	1
Lat. 9710.	Historia scholastica seu ecclesiastica; ms., v., in-folio	A	13	1
Lat. 8910-8911.	Sancti Hyeronimi epistolæ; ms., v., in-folio. . .	A	30	2
Fr. 9596.	Réflexions sur les Conciles; ms., in-folio. . . .	B	1	1
Lat. 8934.	Summa que vocatur Directorium juris; ms., v., in-folio	B	2	1
Lat. 8941.	Codex Justiniani; ms., v., in-folio	C	1	1
7205-7206.	Droit public; ms., in-folio	C	40	2
7207-7208.	Opuscules du droit françois et opuscules poli-tiques; ms., in-folio	C	41	2
11730.	Duplessis sur la Coutume de Paris; ms., in-folio.	C	50	1
9661.	Recueil de traités de droit; ms., in-folio. . . .	C	60	1
Lat. 10202.	Porphyrius in logicam Aristotelis; ms., v., in-folio.	D	1	1
Lat. 11116.	Libri Topicorum Aristotelis; ms., v., in-fol. . .	D	2	1
Lat. 10226.	Aristotelis de animalium historia; ms., v., in-fol.	D	3	1
Lat. 10201.	De rerum proprietatibus liber; ms., v., in-fol. .	D	4	1

Mss. français.

		VOLUMES.	
		Cottes.	Nombre.
12254.	Du gouvernement des princes; ms., v., in-fol. . . D 20		1
12397.	De la chasse, par Gaston Phœbus; ms., in-fol. . . E 60		1
9440.	Inventaire des manuscrits de Monsieur de Loménie; ms., in-fol. . . . . F 25		1
12592.	Le roman de la Rose; ms., v., in-fol. . . . . J 20		1
12573.	Roman de Lancelot du Lac, mal timbré; Roman d'Artur; ms., v., in-fol. . . . . J 25		1
9668.	Traité général de géographie; ms., in-fol. . . . M 1		1
14680.	Voyage de Jérusalem; ms., in-fol. . . . . . . M 16		1
Lat. 9668.	Historia Freculfi; ms., in-fol. . . . . M 25		1
Fr. 10292.	Mémoires du cardinal de Bouillon; ms., in-fol. . N 17		1
Ital. 48.	Procès du cardinal Alberoni, en italien; ms., in-fol. . . . . N 18		1
9784-9785.	Histoire de l'hérésie; ms., in-4° . . . . N 40		2
6491.	Origine des François; recueil de Du Tillet; ms., in-fol. . . . . P 1		1
9600.	Pièces sur le concile d'Embrun; ms., in-fol. . . P 10		1
Lat. 9123.	Annales ecclesiæ Ebredunensis, ms., in-fol. . . P 16		1
10160-10161.	Histoire de France; ms., in-fol. . . . . . . P 25		2
6959.	Histoire de Philippe le Bel et de ses fils; ms., in-fol. . . . . P 35		1
7880.	Mémoires concernant la guerre du duc de Guyenne contre Louis XI; ms., in-fol. . . . . P 40		1
10208.	Diverses pièces, dont la première est un traité de paix et de mariage de Charles dauphin et Marguerite d'Autriche; ms., in-fol. . . . . . P 45		1
7151.	Traité de Madrid entre François 1er et Charles Quint; ms., in-fol. . . . . P 50		1
6347.	Pièces concernant le duc d'Alençon; ms., in-fol. P 65		1
6349.	Informations sur la mort du cardinal de Guise; ms., in-fol. . . . . P 66		1
6633.	Copies et originaux des lettres de Henry IV; ms., in-fol . . . . P 72		1
6634.	Lettres de Henry IV; ms., in-fol. . . . . . . P 73		1
10757.	Pièces sur ce qui s'est passé en 1598; ms., in-fol. P 74		1
10756.	Instructions à MM. de Bellievres et de Syllery; ms., in-fol. . . . . P 75		1
10726.	Ambassades de Syllery; ms., in-fol . . . . . . P 79		1
10318.	Mémoire du duc de Rohan; ms., in-fol. . . . . P 80		1
10719.	Ambassades de Bassompierre; ms., in-fol . . . P 81		1
10720.	Lettres historiques; ms., in-fol. . . . . P 82		1

| | | VOLUMES. |
| | | Cottes. Nombre. |

Mss. français

10212.	Instructions de Louis XIII; ms. in-fol.	P 83	1
6559-6560.	Mariage de M. le duc d'Orléans avec la princesse Marguerite de Lorraine; ms., in-fol	P 84	1
6735.	Mémoires sur les événements du règne de Louis XIV; ms., in-fol.	P 90	2
10457.	Histoire des derniers troubles de France; ms., in-fol.	P 91	1
14539.	Discours historique sur les écrivains de l'histoire d'Anjou; ms., in-fol.	P 110	1
8349-8350.	Mémorial perpétuel de Dauphiné; ms., in-fol. .	P 111	1
8351.	Mémoire sur le Dauphiné; ms., in-fol.	P 115	2
8352.	État des feux du Dauphiné; imprimé, in-fol. . .	P 116	1
8152.	Mémoire sur l'Alsace; ms., in-fol.	P 121	1
11474.	Autres mémoires sur l'Alsace, dont le premier concerne le droit du bailliage d'Haguenau; ms., in-fol.	P 122	1
Lat. 9225.	Lamberti opera; ms., in-fol.	P 123	1
Lat. 10115.	Historia Ghisnæ et Ardeæ; ms., in-fol.	P 124	1
8519.	Visite des frontières de Flandre, du Henaut et de l'Artois; ms., in-fol.	P 125	1
8521.	Visite des eaux de Gravelines; ms., in-fol . . .	P 126	1
8263.	Pièces concernant la Bretagne, dont la première de l'an 1209; ms., in-fol.	P 127	1
8213-8215.	Tombeaux des personnes illustres; ms., in-fol. .	P 140	3
12051.	Siège de la Rochelle; ms., in-fol.	P 141	1
8195.	Dissertation sur la noblesse françoise; ms., in-fol.	P 150	1
11462.	Inventaire des productions pour la recherche des usurpateurs de titres de noblesse; ms., in-fol.	P 151	1
11623.	De la mouvence du comté de Saint-Paul; ms., in-fol.	P 180	1
8512.	Extraits de la Chambre des Comptes du Dauphiné; ms., in-fol.	P 181	1
10745.	Traité entre la France, la Bourgogne et l'Espagne; ms., in-fol.	P 184	1
7160,	Négociations de M. de Noailles, évêque d'Acqs; ms., in-fol.	P 185	1
Lat. 9040-9041.	Traités de mariage, etc., entre la France et l'Espagne; ms., in-fol.	P 186	2
6558.	Recueil de pièces concernant l'histoire; ms., in-fol.	P 187	1
10733.	Lettres et dépêches de la duchesse de Savoye à Louis XIII; ms., in-fol.	P 188	1

Mss. français.

		VOLUMES.
		Cottes. Nombre.

10653. Mémoires en forme de traités de droit public ;
ms., in-fol. . . . . P 189   1

9720. Traités de paix et autres, dont le premier est :
Fœdus initum inter Cæsaream majestatem et regiam
potestatem Magnæ Britanniæ, etc. ; ms., in-fol. . P 190   1

10223. Recueil de pièces, dont la première a pour titre :
Considération sur un discours intitulé : Les causes
du retardement de la paix générale ; ms., in-fol. P 191   1

6418. Affaires de l'Europe ; recueil de pièces dont la
1ʳᵉ est : *Abrégé de traités conclus depuis la paix*
de Bade ; ms., in-fol. . . . . P 192   1

Lat. 8935. Dissolutions de mariages des roys et autres ;
ms., in-fol. . . . . P 193   1

10296. Mémoires du chancelier de L'Hôpital ; ms., in-fol. P 194   1

11163. État des pensions que faisoit Henry IV ; ms., in-
fol. . . . . P 205   1

11096. Mémoires sur l'imposition et levée des tailles ;
ms., in-fol. . . . . P 206   1

11817-11818. Mémoires sur les impositions des trois Évêchés
et de l'Alsace ; ms., in-fol. . . . . P 207   1

11855. Mémoires sur les manufactures de Lyon ; ms.,
in-fol. . . . . P 215   1

12133. Mémoires sur le commerce des Hollandois ; ms.,
in-fol. . . . . P 217   1

8038. Mémoires des députés du commerce ; ms. in-fol. P 218   1

12361. Milices romaine et françoise ; ms., in-fol. . . . P 230   1

7896. Relations des sièges de Luxembourg et de Lan-
daw ; ms., in-fol. . . . . P 231   1

9173. Mémoires d'artillerie ; ms., in-fol. . . . . . . P 233   1

12372. Maximes sur la guerre ; ms., in-fol. . . . . . P 234   1

12373. Traité des batailles rangées ; ms., in-fol. . . . P 235   1

11249. Mémoires sur diverses opérations de guerre ; ms.,
in-fol. . . . . P 236   1

9716. État de l'Europe avant le traité de Riswick ; ms.,
in-fol. . . . . P 237   1

Impr. Lf 234, 7. Inventaire général du magasin de Toulon ; imprimé, in-fol. . . . . P 245   1

11538. Extraits des registres secrets du Parlement de
Bretagne ; ms., in-fol. . . . . P 253   1

11540. Table des registres de la Chambre du conseil du
Parlement de Bretagne ; ms., in-fol. . . . . P 254   1

Mss. français.

		VOLUMES	
		Cottes.	Nombre.
11517.	Mémoires du Parlement de Dijon ; ms., in-fol.	P 255	1
10886.	Assemblées des notables à Paris ; ms., in-fol.	P 263	1
10861-10862.	Recueil concernant les ducs et pairs ; ms., in-fol.	P 276	2
10448.	Histoire de la Pucelle d'Orléans ; ms., in-fol.	P 285	1
10974.	Procès criminel du duc de La Valette ; ms., in-fol.	P 286	1
7833.	Entrées de roys et reines, etc., ms., in-fol.	P 300	1
11362.	Usages des tournois ; ms., in-fol.	P 301	1
12118.	Résorts du gouvernement des Pays-Bas ; ms., in-fol.	P 315	1
10641.	Recueil de pièces, dont la première est : *État présent des affaires d'Italie ;* ms., in-fol.	Q 1	1
10740.	Ambassades de Villiers ; ms., in-fol.	Q 41	1
Ital. 348.	Origine della casa de Medici ; ms., in-fol.	Q 60	1
Ital. 53.	Statuti della mercandia di Firenze ; ms., in-fol.	Q 62	1
10724.	Instruction générale des ambassades faites en cour de Rome ; ms., in-fol.	Q 70	1
10727.	Instruction à M. de Sillery ; ms., in-fol.	Q 71	1
Ital. 298.	Relatione del patrimonio reale del regno di Sicilia ; ms., in-fol.	Q 80	1
8995.	Droit public d'Allemagne ; ms., in-fol.	R 1	1
12112.	Constitution présente de l'Empire ; ms., in-fol.	R 2	1
Ital. 381.	Relatione di Germania in tempo di Ridolfo II^{do} ; ms., in-fol.	R 3	1
12193.	État des affaires d'Espagne ; ms., in-fol.	S 1	1

Volumes in-folio, sans cottes.

9656.	1) Traité général de controverse ; in-fol.	1
12329.	2) Mouvement des eaux ; in-fol.	1
6443.	3) De la monarchie des Romains ; in-fol.	1
10755.	4) Traités de Cambray et de Vervins ; in-fol.	1
32515.	5) Catalogue des conseillers du Parlement de Paris, de 1270 à 1649 ; in-fol.	1
Lat. 9150.	6) Cartulaire de l'église de Paris ; in-fol.	1
Lat. 9165.	7) Cartulaire de l'église collégiale de St-Cloud ; in-fol.	1
Lat. 9207.	8) Cartulaire de St-Cyrice de Nevers ; in-fol.	1
«	9) Manuscrit intitulé : Anjou, Maine et Berry ; ouvrage généalogique desdites maisons ; in-fol.	1
Lat. 10135.	10) Chronique d'Alleram de Montferat, commençant en 934 ; in-fol.	1

Mss. français.

			VOLUMES Cottes.	Nombre.

Mss. français.

			Cottes.	Nombre.
Lat. 8940.	11) Codex Justinianeus, cum glossis; in-fol. . .			1
Fr. 9660.	12) Droit public, composé vers l'an 1678 par M. l'abbé de Fleury; in-fol. . . . . : .			1
12081-12085.	13) Mémoires sur l'administration des colonies, etc., par M. Petit; ms., in-fol.			5

In-quarto.

Lat. 10451.	De Scripturarum sacrarum versionibus; in-4°. .	A	1	1
Lat. 10580.	Pontificale manuale; ms. v., in-4°.	A	20	1
Lat. 10631.	Hugonis tractatus de creatione, etc.; ms., v., in-4°.	A	35	1
Lat. 10727.	Sententiæ piæ et morales, etc.; ms., v., in-4°. .	A	45	1
Fr. 13186.	Remarques sur les Conciles; ms., in-4°	B	1	1
Lat. 10744.	Commentarii in Decretales; ms., v., in-4° . . .	B	2	1
Lat. 10676.	De summi Pontificis principatu et potestate; ms., in-4°; avec plusieurs traités analogues en françois.	B	3	1
13832.	Histoire des bénéfices; ms., in-4°.	B	4	1
14597.	Mémoires et observations sur les titres de l'église de Saintes; ms., in-4°	B	5	1
14002.	Traité de la communauté entre conjoints; ms., in-4°	C	30	1
Lat. 11116	Aristotelis topica; ms., v., in-4°	D	1	1
11315.	Ovidii metamorphoseion; ms., v., in-4°	H	1	1
11337	Anti-Claudianus; ms., v., in-4°	II	2	1
15014-15020.	Recueil de brevets de la Calotte; ms., in-4°. . Recueil de diverses poésies; ms., in-4°. . . .	H	20	
15086.	Les Talents inutiles, comédie; ms., in-4°. . .	H	30	1
14962.	L'Image du monde, intitulé sur le dos : *Le tour du monde*; ms., in-4°.	J	20	1
13360-13362.	Introduction à la géographie, dont le second volume est intitulé: *France*; ms., in-4°. . . .	M	1	3
14681.	Le Viateur ou le voyage d'Orient; ms., in-4° . .	M	15	1
Lat. 10783.	Chronologica; ms., in-4°; avec plusieurs traités de chronologie en françois.	M	30	1
13488.	Histoire ecclésiastique et discipline de l'Église; ms., in-4°	N	1	1
13188-13189.	Mémoires sur le concile de Trente, par MM. Du Puy et Le Merre; ms., in-4° . . . . :	N	20	2
14602.	Histoire des Filles de l'Enfance; ms., in-4°. . .	N	29	1

Mss. français.

VOLUMES

Cottes. Nombre.

13544-13546.	Description de la France ; ms., in-4°. . . . . . P	1	3
13579.	Abrégé de l'histoire de France ; ms., in-4° ; double. P	20	1
13635.	Histoire des mœurs de la cour et de Paris ; ms., in-4° . . . . P	22	1
13809.	Pièces manuscrites et imprimées sur le concile d'Embrun ; in-4°. . . . . P	29	1
.13674	Barricades de Paris ; ms., in-4°. . . . . P	50	1
13640.	Recueil de pièces sur la Ligue, dont le 1er est un arrêt de la Cour des Pairs, contre les meurtriers du cardinal et duc de Guise ; ms., in-4°. P	51	1
13581.	Notes de Bassompierre sur l'Histoire de Dupleix ; ms., in-4° . . . . P	60	1
13642.	L'impiété des méchans par les François, ou leur alliance avec les Turques ; ms., in-4°. . . . . P	70	1
13695-13699.	Nouvelles manuscrites, ou recueil de lettres et relations, de novembre 1733 à février 1745 ; ms., in-4° . . . . P	80	5
13614-13617.	Histoire de France par Boulainvilliers ; ms., in-4°. P	90	4
13618-13619.	Généralité de Paris, par Phélypeaux ; ms., in-4°. P	91	2
13620-13632.	État de la France, sçavoir : Orléans, Alençon, Bretagne, Maine, Bordeaux, Flandres, Artois, Picardie, Languedoc, Dauphiné, Bourgogne (en deux volumes), Champagne ; ms., in-4°. . . . P 92-103	13
13633.	Détail du Boulonnois ; ms., in-4°. . . . . . . P 104	1
14425.	Mémoires et généalogie d'Albret ; ms., in-4°. . . P 112	1
13976.	Recueil au sujet des franchises en 1687 ; ms., in-4°. P 125	1
14209.	Détail des officiers et troupes de France en 1726 ; ms., in-4° . . . . P 170	1
14191.	Titres des ordonnances et réglements concernant les troupes, depuis le 1er juillet 1706 ; ms., in-4°. P 171	1
14308.	Recueil de modèles des commissions et brevets du Bureau des hôpitaux ; ms., in-4° . . . . P 172	1
14872.	Mémoire sur l'infanterie par le maréchal de Saxe ; ms., in-4°. . . . . P 173	1
14210.	État général du militaire de France en 1748 ; ms., in-4° . . . . P 174	1
14037.	Affaire du Parlement sur l'enregistrement de la déclaration du 24 mars 1751, concernant l'Hôpital général de Paris ; ms., in-4°. . . . . . P 186	1
14024-14026.	Histoire des Parlements de France et des États généraux, par M. de Boulainvilliers ; ms., in-4° . P 195	3

Mss. français.

VOLUMES

Cottes. Nombre.

14023.   Duchés et pairies de France, par M. Du Puy, en
           1627; ms., in-4° . . . . P 205   1

13767.   Mariage du roy de la Grande-Bretagne et de
           Madame Henriette, fille de Henry IV; ms.,
           in-4° . . . . P 230   1

14516.   État de la Lorraine; manuscrit, dont la table et
           le frontispice sont imprimés, in-4° . . . . . . P 250   1

Ital. 768.   Relatione di Savoia; ms. in-4° . . . . Q 15   1

Ital. 769.   Relationi di Venetia; ms., in-4° . . . . Q 31   1

Ital. 770.   Relationi della lega contra il Turco; ms., in-4°. Q 32   1

Ital. 771.   Relationi di Fiorenza et Ferrara; ms., in-4°. . . Q 33   1

Ital. 772.   Relationi di Napoli, Sicilia et Milano; ms., in-4°. Q 34   1

Ital. 773.   Relationi di Roma; ms., in-4°. . . . . Q 50   1

Ital. 819.   Historia d'Antonio Castaldo; ms., in-4° . . . . Q 60   1

14673.   Réflexions sur le soulèvement de Naples, de l'an
           1701; ms., in-4°. . . . . Q 61   1

14622.   Testament politique du ministre de l'Empereur;
           ms., in-4° . . . . R 15   1

12219-12220. Histoire de Tripoly; ms., in-4°. . . . . Y 1   2

Volumes in-quarto, sans cottes.

Lat. 10461. 1. In Psalmum 109 brevis explanatio Maldonati;
           in-4°   1

Ital. 181.   2. Conclave dell' anno 1622; in-4°.   1

Ital. 182.   3. Diario delle cose notabili dell' ultimo anno del
           pontificato di papa Paolo quarto; in-4°. . . .   1

10895.   4. Établissement du Parlement de Paris; in-4°. .   1

14315.   5. Mémoire de Champagne, par M. de Pomereu;
           in-4°   1

11346.   6. Dissertations sur les galères de France; in-4°.   1

12597.   7. Les noms, armes et blasons des chevaliers de
           la Table ronde; in-4°   1

In-octavo, etc.

«   Livre d'heures, commençant par un répertoire;
           ms., v., in-12. . . . . A 15   1

Mss. français.

VOLUMES
Cottes. Nombre.

Déficit.	Autres Heures, commençant par ces mots : *In principio erat Verbum* ; ms., v., in-12..	A 16	1
«	Autres, commençant par un calendrier ; ms., v., in-8°	A 18	1
«	Office de la Vierge ; ms., v., in-16.	A 19	1
Déficit.	Heures, commençant par un calendrier, avec marges ornées de figures enluminées ; ms., v., in-16	A 21	1
13267.	Exercice pour la communion, écrit par Mlle de Villequoy.	A 173	1
Lat. 11267.	De musica ; ms. v., in-12.	E 30	1
Lat. 10766.	Breve geographiæ compendium ; ms., v., in-24.	M 2	1
14678.	Ordonnances de la Toison d'or., ms., v., in-8° magno.	N 30	1
13952.	Discipline des Églises réformées de France ; ms., in-12.	N 40	1
Lat. 10786.	Historiæ Romanæ epitomes ; ms., in-16.	O 20	1
13578.	Abrégé de l'histoire de France ; ms., in-12.	P 21	1
13763.	Intrigues de Catherine de Médicis ; ms., in-12.	P 52	1
13766.	Divorce de Henry IV ; ms., in-8°.	P 61	1
13980.	Traité de paix entre la France et l'Espagne ; ms., in-16	P 140	1
13494.	Traité contre les Légats ; ms., in-8, parvo.	P 141	1
14132.	Dépense ordinaire de la Chambre aux deniers du Roy ; ms., in-8°.	P 150	1
13777.	Histoire des amours de Madame ; ms., in-8°.	P 220	1
14669.	Distances des postes les plus importants pour la guerre en Italie ; ms., in-8°.	Q 1	1
Ital. 713.	Informacione delli feudi imperiali in Italia ; ms., in-8°	Q 2	1

Volumes in octavo, etc., sans cottes.

Lat. 10685.	1. Preces et exempla de virtutibus et vitiis ; ms., in-8°	1
Lat. 10843.	2. Abbreviatio de gestis et miraculis sanctorum ; ms., in-16.	1

Après la liste des Estampes et le catalogue des livres Imprimés qui terminent l'inventaire, on lit dans les deux exemplaires la mention suivante :

« ... Fait, clos et arresté double par nous Jean Capperonnier, garde général de la Bibliothèque du Roy, assisté de Jean-Michel Malin et de Jean-Augustin Capperonnier, commis en second de ladite Bibliothèque, et en présence de Messire Gaspard-Moyse de Fontanieu, conseiller d'État ordinaire, intendant et controlleur général des meubles de la Couronne, lequel s'est soumis de représenter en même espèce et nature tout ce qui est énoncé dans le présent inventaire ; en foy de quoi il a signé avec nous. A Paris, en l'hôtel de M. de Fontanieu, cul de sac et petit hôtel de Conti, ce troisième jour de décembre mil sept cent soixante-six. Celui-cy pour Monsieur de Fontanieu [*autre ex.* : pour la Bibliothèque du Roy.]

FONTANIEU.   CAPPERONNIER.
                                  MALIN.
                                  CAPPERONNIER.

La bibliothèque de Fontanieu, dont la jouissance lui avait été laissée, aux termes mêmes du contrat de vente, ne devait pas tarder à entrer dans les collections du roi. Fontanieu en effet mourait l'année suivante, et, le 16 décembre 1767, Capperonnier en donnait à son fils la décharge suivante, qui se lit à la fin de l'exemplaire de l'inventaire remis à Fontanieu[1] :

Depuis que cet inventaire a été clos, la mort de Monsieur de Fontanieu étant arrivée le 26 septembre de cette année, nous commissaires en cette partie et chargés des ordres de Monsieur Bignon, bibliothéquaire du Roi, nous sommes transportés à l'hôtel dudit Monsieur de Fontanieu et en avons enlevé les manuscrits, estampes, livres imprimés et généralement tout ce qui est contenu au présent inventaire, au moyen de quoy Monsieur de Fontanieu, son fils, chevalier de l'Ordre royal et militaire de St Louis, intendant et contrôleur général des meubles de la Couronne, en est bien et duëment déchargé. En foi de quoi avons signé, à l'hôtel de la Bibliothèque, ce 16 décembre 1767.

CAPPERONNIER.   MALIN.

---

1. L'exemplaire de l'inventaire de la bibliothèque de Fontanieu qui porte cette décharge de Capperonnier (ms. fr. 13 007) a été acquis pour la Bibliothèque en décembre 1837.

INVENTAIRE SOMMAIRE

PORTEFEUILLES DE FONTANIEU

PREMIÈRE PARTIE

HISTOIRE PAR RÈGNES

1-2. Histoire de France; préliminaires. — 524 feuillets.

Fol. 47. Première race. — Fol. 199. Seconde race. — Fol. 412. Préliminaires généalogiques sur les droits de Hugues-Capet à la Couronne. —
Fol. 63-74. « Regum Gallorum icones a Faramundo usque ad Franciscum
II... Parisiis, C. Perier, 1559, » in-4°. — Fol. 415. Carte ms. des comtés
de Madrie et de Montfort, en Normandie.

3-4. Hugues-Capet (987-996). — Fol. 300. Robert II (996-
   1031). — 489 feuillets.

5. Henri Ier (1031-1060). — 353 feuillets.

6-7. Philippe Ier (1060-1108). — 488 feuillets.

8. Louis VI (1108-1137). — 337 feuillets.

9-10. Louis VI (1108-1137). — 410 feuillets.

11-12. Louis VII (1137-1180). — 499 feuillets.

13-14. Louis VII (1137-1180). — 540 feuillets.

15. Louis VII (1137-1150). — 437 feuillets.

16-17. Louis VII (1151-1163). — 436 feuillets.

18-19. — Louis VII (1164-1179). — 659 feuillets.

20. Philippe-Auguste (1165-1179). — 388 feuillets.

21. Philippe-Auguste (1179-1223). — 488 feuillets.

22-23. Philippe-Auguste (1181-1223). — 435 feuillets.

24. Philippe-Auguste (1183-1214). — 366 feuillets.

25-26. Philippe-Auguste (1183-1220). — 505 feuillets.

27-28. Philippe-Auguste (1180-1223). — 478 feuillets.

29-30. Philippe-Auguste (1180-1202). — 439 feuillets.

31-32. Philippe-Auguste (1203-1212). — 484 feuillets.

33-34. Philippe-Auguste (1213-1218). — 427 feuillets.

35-36. Philippe-Auguste (1219-1223 et s. d.). — 484 feuillets.

37-38. Louis VIII (1187-1226). — 414 feuillets.

39. Louis IX (1226-1267). — 401 feuillets.

40-41. Louis IX (1227-1270). — 543 feuillets.

42. Louis IX (1231-1240. — 338 feuillets.

43-44. Louis IX (1241-1257). — 530 feuillets.

45-46. Louis IX (1258-1270). — 613 feuillets.

47-48. Philippe III le Hardi (1270-1285). — 499 feuillets.

49. Philippe IV le Bel (1286-1314). — 318 feuillets.

50. Philippe IV le Bel (1302-1308). — 327 feuillets.

51-52. Philippe IV le Bel (1300-1308). — 510 feuillets.

53-54. Philippe IV le Bel (1286-1299). — 605 feuillets.

55-56. Philippe IV le Bel (1300-1304). — 585 feuillets.

57-58. Philippe IV le Bel (1304-1309). — 599 feuillets.

59-60. Philippe IV le Bel (1310-1313). — 458 feuillets.

61. Philippe IV le Bel (1314). — 243 feuillets.

62. Louis X (1314-1316). — 291 feuillets.

63. Philippe V le Long (1316-1321). — 247 feuillets.

64-65. Philippe V le Long (1317-1321). — 364 feuillets.

66-67. Charles IV le Bel (1322-1327). — 186 et 219 feuillets.

68. Charles IV le Bel (1325-1328). — 289 feuillets.

69-70. Philippe VI de Valois (1327-1347). — 214 et 275 feuillets.

71-72. Philippe VI de Valois (1331-1342). — 259 et 247 feuillets.

73-74. Philippe VI de Valois (1337-1341). — 270 et 220 feuillets.

75. Philippe VI de Valois (1342-1345). — 220 feuillets.

76-77. Philippe VI de Valois (1345-1350). — 487 feuillets.

78-79. Jean II le Bon (1350-1361). — 382 feuillets.

80. Jean II le Bon (1351-1352). — 237 feuillets.

81-82. Jean II le Bon (1352-1364). — 463 feuillets.

Fol. 273. — « Remission ou abolition au fils du roi Jean, et au róy de Navarre son gendre, et autres grands seigneurs, comme criminels de lèze-majesté, en janvier 1355. (S. l.,) 1616, » in-8°. (Lb23. 1.)

83-84. Jean II le Bon (1358-1360). — 348 feuillets.

85. Jean II le Bon (1360). — 365 feuillets.

86-87. Jean II le Bon (1360-1363). — 384 feuillets.

88-89. Charles V (1364-1368). — 375 feuillets.

90-91. Charles V (1365-1371). — 449 feuillets.

92-93. Charles V (1368-1380). — 496 feuillets.

94-95. Charles V (1373-1380). — 456 feuillets.

96-97. Charles V (1378-1380). — 318 feuillets.

98. Charles VI (1380-1422). — 242 feuillets.

99-100. Charles VI (1380-1386). — 434 feuillets.

100-102. Charles VI (1386-1391). — 492 feuillets.

103-104. Charles VI (1392-1398). — 472 feuillets.

105-106. Charles VI (1399-1404). — 530 feuillets.

107-108. Charles VI (1404-1410). — 559 feuillets.

Fol. 316. — « Harengue faicte au nom de l'Université de Paris devant le roy Charles sixiesme... touchant le gouvernement du Roy et du royaume, avec les protestations... de Charles VII sur la détermination du concile de Basle. Paris, V. Sertenas, 1561, » in-8°. Par Jean Gerson. (Lb²⁵. 2.)

109-110. Charles VI (1411-1418). — 507 feuillets.

111-112. Charles VI (1418-1422). — 294 feuillets.

113-114. Charles VII (1422-1425). — 481 feuillets.

115-116. Charles VII (1426-1432). — 436 feuillets.

Fol. 264. Copie collationnée, sur parchemin (XVIIᵉ s.), de lettres de Henri VI, roi de France et d'Angleterre, confirmant des lettres de son père Henri V « sur le faict de l'entretenement de sa conqueste après sa descente à Touques et à Caen » (16 août 1420). — Fol. 435. « S'ensuivent les logis et maulx faiz par les gens et capitaines de Monsʳ le duc de Bourgogne sur le païs [de Tornesis] et sur les subjetz du Roy depuis ung an en çà » (vers 1432); papier.

117-118. Charles VII (1433-1442). — 600 feuillets.

Fol. 563. Quittances, sur papier, de « François de Suryenne, dit Tarra-
gonoiz, chevalier, Mathieu Goth, Thomas Gerard, et Thomas Stonnes,
escuiers, » pour « le bastart d'Orléans, conte de Dunois » (30 oct. 1442);
— et de « Thomas Hoo, chevalier, chancelier en France et Normandie »,
pour le même (18 mars 1444 [1445]), avec sceau.

119-120. Charles VII (1443-1448). — 465 feuillets.

Fol. 81. « Copie [contemporaine] des lettres, données le iiij° jour de
septembre mil IIII° XLIIII, par lesquelles appert que les habitans
d'Espinal firent le serement au roy Charles VII°...; « papier. — Fol. 174.
« Transsumptum des aliances faictes par le Roy avec Mons⁰ le conte Palatin (28 janv. 1446 [1447]); parchemin. — Fol. 192. « Copies des aliances de
France et du duc Frederic de Saxoigne » (13 mars 1445 [1446]) ; papier. —
Fol. 394. « Advisata in facto pacis ecclesiæ, in quibus... archiepiscopus
Treverensis, pro se ac... archiepiscopo Coloniensi, comite Palatino Reni,
duce Bavarie, et Friderico, duce Saxonie, suis coelectoribus se confor-
mare voluit... regi Francorum... » (28 juin 1447); papier. — Fol. 410.
Quittance de la pension du duc d'York, lieutenant général et gouverneur
de France et Normandie » (24 nov. 1447); parchemin. — Fol. 447. Lettre
originale signée V, au « conte d'Evreux et Mons⁰ de Precigny »
concernant la ville de Gênes (1447); papier. — Fol. 451. « Preposita
coram regia Majestate... pro parte ducis Mediolani » de liberatione
Sigismundi, Austriæ ducis, super restitutione civitatis Astensis et de
confœderatione de novo facienda (1447); papier. — Fol. 460. Lettre originale de H.-B. de Poytiers au Dauphin [Louis XI], relative à la ville de
Gênes (16 févr. 1447 [1448]); papier. — Fol. 465. « Copie des lettres
adressées au Roy par Mons⁰ le conte de Blankenhem » (29 mars [1447]);
papier.

121-122. Charles VII (1448-1455). — 460 feuillets.

Fol. 289. « Lettres patentes du Roy, contenant les articles et traitté
accordez entre les commissaires de Sa Majesté et les deputez de la ville
de Bordeaux... Paris, 1650, » in-4°. (Lb²⁶.)

123-124. Charles VII (1456-1461). — 312 feuillets.

125-126. « Histoire de Charles VII » (1392-1461). — **561 feuillets.**

127. *Vacant.* (Numéro réservé pour additions).

128-129. Louis XI (1460-1483). — 406 feuillets.

130-131. Louis XI (1464-1465). — 494 feuillets.

Fol. 25. Lettre originale de L. de Neufchastel, maréchal de Bourgogne, à Louis XI, relative à la ville d'Épinal, etc. (6 mai 1464). — Fol. 69. Lettre originale de J. Wenlok à M. de Croy au sujet de la paix que le duc de Warwick désirait conclure (3 octobre 1464). — Fol. 74. Lettre originale de M. de Croy à Louis XI au sujet du départ du duc de Bourgogne de Hesdin pour Lille (11 octobre 1464). — Fol. 113-115. Avis du Parlement de Paris au sujet de l'ajournement en cour des Pairs de René, roi de Sicile, qui était entré dans la Ligue du Bien public (copie contemporaine). — Fol. 142. Lettre originale du roi d'Aragon, Dom Pedre, au comte de Candale, lui demandant de laisser passer les Bourguignons qu'il avait appelés à son service (17 février 1464). — Fol. 170. Lettre originale de Louis XI au comte de Dunois et au Chancelier sur la mort du duc de Savoie (23 avril 1465). — Fol. 235. Lettre originale de Louis XI au même sur l'accord fait avec le duc de Bretagne (19 juillet 1465).

132-133. Louis XI (1465-1470). — 396 feuillets.

134-135. Louis XI (1470-1474). — 353 feuillets.

Fol. 252-253. Copie contemporaine d'une déclaration de Jean, roi d'Aragon, constatant que le traité de paix qu'il a fait avec Louis XI ne le doit pas empêcher de secourir Charles le Téméraire, si celui-ci est attaqué par le roi de France (1473).

136-137. Louis XI (1474-1476). — 341 feuillets.

138-139. Louis XI (1476-1482). — 383 feuillets.

Fol. 48-51. Quatre lettres originales de Louis XI au comte de Dunois concernant les affaires de Savoie (1476). — Fol. 58. Copie contemporaine « de ce que les ambaxadeurs d'Angleterre ont dit à la derreniere communication que nous avons eu avecques eulx. » (1476). — Fol. 350. Lettre originale de Louis XI (lettre de jussion) à la Chambre des comptes de Paris pour la vérification des dons et octrois faits par le Roi à la ville de Saint-Quentin (13 février 1478).

140-141. Louis XI (1480-1484). — 339 feuillets.

Fol. 46. Lettre originale de Louis XI accordant à Jacques Coitier la moitié du débet d'Antoine Riboteau, commis au paiement des francs-archers de Champagne (24 juin 1480).

142-143. Louis XI (1481-1483). — 341 feuillets.

144.   *Vacant.* (Numéro réservé pour additions.)

145.   Charles VIII (1483-1489). — 240 feuillets.

146.   Charles VIII (1485-1488). — 193 feuillets.

147-148. Charles VIII (1488-1494). — 463 feuillets.

> Fol. 98-164. « Histoire de la maison de Bourbon,... escrite par... Marillac »
> et publiée par A. de Laval (Paris, 1612, in-4°), fol. 226-294. — Fol. 299-
> 304. « Le traicté de la paix faicte entre le Treschrestien Roy de France,
> et le Roy dangleterre » (3 nov. 1492). (S. l., n. d.,) in-4°, goth. (avec
> ex-libris gravé de Bigot.)

149-150. Charles VIII (1494-1498). — 409 feuillets.

> Fol. 66-69. « La noble et excellente entrée Du Roy nostre sire en la
> ville de Florēce qui fut le xvii. Jour de nouēbre Mil. cccc. iiiixx et xiiii. »
> (S. l., n. d.,) in-4°, goth. (l.b 28.). — Fol. 137. « L'Entrée du Roy nostre
> sire à Romme... » (1494). (S. l., n. d.,) in-4°, goth. — Fol. 141-144. « Lap-
> poinctement de Romme » (1495). (S. l., n. d.,) in-4°, goth. — Fol. 145-146.
> « La messe pontificalle » (1495). (S. l., n. d.), in-4°, goth. — Fol. 151-154.
> « La prinse et reduction de Naples et autres plusieurs fortes places... »
> (1495). (S. l. n. d.,) in-4°, goth. — Fol. 155-157. « Sensuyt lentrée et
> couronnement du Roy nostre sire en sa ville de Napples faicte le
> xxii jour de Feurier mil. cccc. iiiixx et xiiii. » (1495). (S. l. n. d.,) in-4°,
> goth. — Fol. 212. Lettre de Louis, duc d'Orléans [Louis XII] sur la mort
> de Jean Galéas, duc de Milan (1497); copie du temps.

151.   *Vacant.* (Numéro réservé pour additions.)

152-153. Louis XII (1498-1501). — 414 feuillets.

> Fol. 2v°-3. Dessins de médaillons de Louis XII et Anne de Bretagne.
> — Fol. 393 et 394. Lettre originale de Louis XII au duc de Lorraine pour
> lui annoncer la reddition de Naples (Lyon, 10 août 1501), et copie con-
> temporaine de lettres au Roy, datées du « champ de Marcenys, le
> xxix° jour de juillet », sur les affaires de Naples.

154-155. Louis XII (1501-1507). — 450 feuillets.

156-157. Louis XII (1507-1512). — 331 feuillets.

> Fol. 21-25. « La bataille et Assault de Gennes donné par le trescrestien roy
> de frāce Loys. xii... Et aussi la complainte desdits geneuois. » (1507.)

(S. *l.*, *n. d.*,) in-4°, goth. (Lb²³.). — Fol. 23-26. « La prinse du bastillon, et la reduction de gennes au treschrestien roy de france loys douziesme de ce nom. » (1507.) « Imprimé pour guillaume bincaulx. » (S. *l.*, *n. d.*,) in-4°, goth. — Fol. 27-28. « Lentree du treschrestien Roy de france louys douziesme de ce nom en la Ville de gennes. » (1507.) « Imprime a paris, (s. *d.*,) in-4°, goth. — Fol. 58-67. « L'entreprinse de Venise, avec les villes, citez, chasteaux, forteresses et places que usurpent lesdits Veniciens des roys, princes et seigneurs crestiens. » (En vers ; copie ms. provenant aussi de Bigot.) — Fol. 134-137. « La sommation faicte par le treschrestien roy de france nostre souuerain seigneur aux veniciens de rendre les terres et seigneuries a luy appartenans. Et la responce... » (1509). (S. *l.*, *n. d.*,) in-4°, goth. — Fol. 227-228. « Les lettres de par Monsieur le grant seneschal de Normendie. Envoyees a messieurs de la ville de rouen. Datees du .xxix. iour de May. » (1511.) (S. *l.*, *n. d.*,) in-4°, goth. — Fol. 231-232. « La coppie des lettres que Môsieur le mareschal De Treuoul a envoiees au Roy nostre sire. Touchât lentree de Boulôgne la grasse faicte par les francois. » (1511.) (S. *l.*, *n. d.*,) in-4°, goth. — Fol. 233-236. « La prinse de Cremone Et de lartillerie auecques lannoy des estandars a Saint denys. et aussy la reduction de la cyté de Bresse. » (1511.) (S. *l.*, *n. d.*,) in-4°, goth. — Fol. 237-238. « Copie des lettres envoyees par le roy à monsieur de fescamp » au sujet de la prise de Brescia (1511). (S. *l.*, *n. d.*,) in-4°, goth.

158-159. Louis XII (1513-1515). — 393 feuillets.

Fol. 258-315. « Histoire veritable des guerres entre les deux maisons de France et d'Espagne... jusques à la paix de Vervins et mort de Philippes II roy des Espagnes, 1598, avec la genealogie de la royale maison de Bourbon, [par Pierre Matthieu]. (S. *l.*,) 1600, » in-8°. (La¹⁷.)

160. *Vacant.* (Numéro réservé pour additions.)

161-162. François I⁰ʳ (1514-1515). — 377 feuillets.

Fol. 313-322. Balthassaris Novellini Vercellensis carmen in laudem Francisci I. (Exemplaire de dédicace à Babou de la Bourdaisière.)

163-164. François I⁰ʳ (1515). — 398 feuillets.

Fol. 325-383. Autre exemplaire de l'*Histoire véritable*, déjà insérée dans le volume 158-159, mais édition datée de 1601. (Lᵃ. 17.)

165-166. François I⁰ʳ (1515-1517). — 401 feuillets.

167-168. François I⁰ʳ (1517-1519). — 394 feuillets.

169-170. François Ier (1519-1520). — 286 feuillets.

171-172. François Ier (1528-1529 et 1520-1521). — **885 pages.**

173-174. François Ier (1521). — 382 feuillets.

175-176. François Ier (1521). — 453 feuillets.

177-178. François I^{or} (1521). — 409 feuillets.

179-180. François Ier (1521). — 348 feuillets.

181-182. François Ier (1521). — 393 feuillets.

183-184. François Ier (1521). — 322 feuillets.

185-186. François Ier (1521). — 371 feuillets.

187-188. François Ier (1521). — 296 feuillets.

189-190. François Ier (1521). — 395 feuillets.

191-192. François I^{or} (1521-1522). — 439 feuillets.

193-194. François Ier (1522-1524). — 490 feuillets.

195-196. François Ier (1524-1525). — 437 feuillets.

197-198. François Ier (1525). — 441 feuillets.

199-200. François Ier (1525-1526). — **553** feuillets.

201-202. François Ier (1526-1527). — 396 feuillets.

> Fol. 307. — Lettre de François Ier au sultan Soliman II (1526), accréditant un ambassadeur, dont le nom a été laissé en blanc. — Original sur parchemin, enluminé aux armes, chiffre et emblème de François Ier et avec la signature du roi en lettres d'or.

203-204. François Ier (1527-1528). — 351 feuillets.

205-206. François Ier (1527). — 405 feuillets.

> Fol. 387. Lettre originale de Louise de Savoie au duc de Lorraine pour lui proposer d'accéder au traité fait entre François Ier et le roi d'Angleterre au sujet de la délivrance des Enfants de France (23 déc. 1527).

207-208. François Ier (1527-1528). — 362 feuillets.

209-210. François Ier (1528). — 391 feuillets.

211. François Ier (1528, juill.-sept.). — 409 feuillets.

212-213. François Ier (1258, oct.-déc.). — 329 feuillets.

Fol. 317-318. La complainte de Grece a la ‖ chrestiente de la descète des ‖ turcz. (*S. l., n. d.,*) in-4°, goth. (Bigot.)

214-215. François Ier (1529, janv.-avril). — 392 feuillets.

216-217. François Ier (1529, mai-juillet). — 388 feuillets.

218-219. François Ier (1529, août-nov.). — 402 feuillets.

220-221. François Ier (1529). — 335 feuillets.

222-223. François Ier (1530, janv.-mars). — 463 feuillets.

224-225. François Ier (1530, avril-mai). — 416 feuillets.

226-227. François Ier (1530, juin-déc.). — 416 feuillets.

228-229. François Ier (1530-1531, janv.-mai). — 457 feuillets.

230-231. François Ier (1531-1532). — 453 feuillets.

232-233. François Ier (1532-1534). — 350 feuillets.

234-235. François Ier (1534-1536, avril). — 453 feuillets.

236-237. François Ier (1536, mai-juillet). — 398 feuillets.

238-239. François Ier (1536, août-déc.). — 437 feuillets.

Fol. 59-166. « Relation du siege memorable de la ville de Peronne, composée par le P. Pierre Fenier, religieux Minime. — Paris, 1682, » in-8°.

240-241. François Ier (1536-1537, mars). — 332 feuillets.

242-243. François Ier (1537, avril-juill.). — 381 feuillets.

244-245. François Ier (1537, juill.-nov.). — 396 feuillets.

246-247. François Ier (1537, nov.-1538, avr.). — 293 feuillets.

248-249. François Ier (1538, mai-1539, sept.). — 340 feuillets.

250-251. François Ier (1539, oct.-1541). — 360 feuillets.

252-253. François Ier (1541-1544). — 405 feuillets.

> Fol. 161-173. « Pièces concernant l'abolition et déclaration de l'innocence de l'amiral Chabot. (1541-1545). » — Copies du XVIIe siècle.

254-255. François Ier (1554-1546). — 365 feuillets.

256. François Ier (1546-1547). — 207 feuillets.

257. *Vacant.* (Numéro réservé pour additions.)

258. Henri II (1547-1548). — 169 feuillets.

259-260. Henri II (1548-1550). — 376 feuillets.

261-264. Henri II (1548-1549). — 562 et 611 feuillets.

> « Dépêches de l'ambassade de M. de Marillac auprès de l'Empereur pendant les années 1548-1549. » — Copie du ms. de Béthune (français 3098) ; le volume 261-262 contient les dépêches de 1548, et le volume 263-264 celles de 1549.

265-266. Henri II (1549-1553). — 495 feuillets.

> Fol. 218. « Registre des instructions et depesches... à M. le card. de Lenoncourt, M. de Vieilleville... et M. de Marillac,... envoyés vers les princes d'Allemagne. » — Copie du ms. de Béthune (français 3100).

267-268. Henri II (1551). — 376 feuillets.

> Fol. 204-211. « Edict du Roy nostre sire sur la prohibition faicte a toutes personnes, bancquiers, et autres, de n'expedier en court de Romme... pour matieres beneficiales... [7 sept. 1551], Paris, » (s. d., in-8°.

269-270. Henri II (1551-1552). — 441 feuillets.

271-272. Henri II (1550-1553). — 467 feuillets.

273-274. Henri II (1553-1554). — 444 feuillets.

Fol. 83. Lettre originale du maréchal de Brissac à M. de Beauregard, contrôleur général de l'Épargne, en faveur de M. de Vaulserre, candidat à une place de secrétaire du contrôle des guerres (11 sept. 1553).

275-276. Henri II (1554-1555). — 400 feuillets.

Fol. 18-68. « Edict faict par le Roy de la suppression des prevostz des mareschaulx provinciaulx, et creation de Lieutenans criminelz... (15 fév. 1554). Paris, pour Vincent Sertenas, 1555, » in-8°.

277-278. Henri II (1555). — 423 feuillets.

Fol. 98-262. « Commentaires sur le faict des dernières guerres en la Gaule Belgique, entre Henry second, treschrestien Roy de France, et Charles cinquieme Empereur,... par François de Rabutin... Paris, Michel Vascosan, 1555, » in-4°.

279-280. Henri II (1555-1556). — 391 feuillets.

281-282. Henri II (1556-1557). — 395 feuillets.

283-284. Henri II (1557-1558). — 477 feuillets.

Fol. 226vo-252. « Discours faict par Gaspart de Colligny, seigneur de Chastillon et admiral de France, auquel... sont contenues les choses qui sont passées durant le siege de Sainct-Quentin en l'an 1557; » pages 120-171 des *Divers mémoires servant à l'histoire de nostre temps,* in-4°.

285-286. Henri II (1557-1558). — 384 feuillets.

287-288. Henri II (1558-1559). — 395 feuillets.

Fol. 92-95. « Hymne au Roy sur la prinse de Callais,... par J. Du Bellay. Paris, Fed. Morel, 1558, » in-4°. — Fol. 96-101. « Remonstrance sur la prinse de Calais et Guine, faicte premierement en vers latins par un excellent personnage, et depuis mise en françois par un des poëtes de ce temps [J. Du Bellay]. Paris, Fed. Morel, 1558, » in-4°. — Fol. 102-105. « Hymne à la louange de Monseigneur le duc de Guyse, par J. de Amelin. Paris, Fed. Morel, 1558, » in-4°. (Lb³¹.)

289-290. Henri II (1558-1560). — 736 **feuillets**.

291. Henri II (1559). — 153 feuillets.

292. *Vacant*. (Numéro réservé pour additions.)

293-294. François II (1559-1560). — 431 feuillets.

295. François II (1560). — 255 feuillets.

> Fol. 98-112. « L'Histoire du tumulte d'Amboyse advenu au moys de mars 1560; ensemble, un Avertissement et une complainte au peuple françois. (*S. l.,*) 1560, » in-8°. (Lb³².) — Fol. 114-129. « Remontrance à tous estats, par laquelle est en brief demontré la foy et innocence des vrays Chrestiens, les abus ausquels sont detenus leurs ennemis et persecuteurs, et le jugement que Dieu en fera. Paris, 1560, » in-8°. — Fol. 131-150. « Juste complainte des fideles de France contre leurs adversaires papistes et autres sur l'affliction et faux crimes, dont on les charge à grand tort... Avignon, 1560, » in-8°. — Fol. 152-182. « Responce au livre inscrit pour la majorité du Roy François second; ensemble ledit livre. Amboise, 1560, » in-8°. — Fol. 185-192. « Remonstrances sur la reformation des troys Estats de France, et principallement de l'Estat ecclesiastic', faictes en l'assemblée du Tiers Estat, convoqué en l'Hostel de ville de Paris. (*S. l.,*) 1561, » in-8°. (Lb³².)

296. *Vacant*. (Numéro réservé pour additions.)

297-298. Charles IX (1560-1561). — 391 feuillets.

> Fol. 34-41. « De C[harles] IX. Lettres missives du Roy pour rassembler de nouveau certains personnages des trois Estatz generaulx en la ville de Paris; plus les defences à toutes personnes de ne communiquer... aucunes choses des Estatz tenuz en la ville d'Orleans. Paris, G. Nyverd », 1560, in-8°. — Fol. 42-45. « Humbles requestes et remonstrances faictes au Roy pour le Clergé de France tenant ses Estats; à tresillustre prince Charles d'Orleans, grand prieur de France. Paris, P. Gueau, 1588, » in-8°. — Fol. 71 *a-h*. « Brieve exposition des lettres du cardinal de Lorreine, envoyées au nom du Roy aux Cours des Parlemens de France, du dernier de mars 1560. » (*S. l., n. d.,*) in-8°. — Fol. 72 *a-f*. « De C[harles] IX. Lettres patentes du Roy nostre sire à tous prelatz... de resider en leurs benefices sur peine de saisie de leur temporel. Paris, G. Nyverd, 1561, » in-8°. — Fol. 83-86. « Chanson spirituelle d'Anne Du Bourg, conseiller du Roy au Parlement, estant és lieux pour soustenir la parole de Dieu, et pour laquelle il souffrit

constamment la mort. Paris, 1560, » in-8°. — Fol. 309-323. « Harangue des ministres de la parole de Dieu, faite en l'assemblée de Poissi, le 9° jour de septembre 1561. » (*S. l., n. d.,*) in-8°. — Fol. 329-372. « L'Oraison de monseigneur le ...cardinal de Lorraine, faicte en l'assemblée de Poyssi, le Roy y estant present, le 16 septembre 1561. Paris, G. Morel, 1561, » in-8°. (Lb³³.)

299-300. Charles IX (1561-1562). — 429 feuillets.

Fol. 50-56. « Epistre envoyée au roy de Navarre par les ministres et eglise assemblée au nom de Jesus-Christ en la ville de Rouen. » (*S. l.,*) 1561, in-8°. — Fol. 59-62. « Lettres envoyées de Rome, esquelles sont contenues les nouvelles advenues au pays de Levant. Paris, V. Serte-nas, 1561, » in-8°. — Fol. 63-66. « Copie d'autres nouvelles de Rome, et autres choses notables. Paris, V. Sertenas, 1561, » in-8°. — Fol. 68-74. « Le Pasquil de la Cour, composé nouvellement par maistre Pierre de Cognieres resuscité, jadis advocat en la Cour de Parlement à Paris, avec la generation du desolateur Antechrist, fils du diable; plus un echo sur la vie abominable dudit Antechrist et de ses supposts. Paris 1561, » in-8°. — Fol. 77-80. « Cantique spirituel et consolatif à mgr. le prince de Condé, avec un echo sur l'adieu du card. de Lor[raine]; plus la declina-tion des Papes, contrepronostication à celle de Nostradamus. Reims, 1561, » in-8°. — Fol. 82-113. « Supplication et remonstrance adressée au roy de Navarre et autres princes du sang de France, pour la delivrance du Roy et du royaume » (*S. l.,*) 1561, in-8°. — Fol. 115-122. « La Response des tresillustres Electeurs et princes du sacré Empire romain à l'am-bassadeur du pape Pie IIII, sur la harangue et sommation à eux faitte pour assister au concile general mandé à Trente. Strasbourg, 1561, » in-8°. (A la suite, le texte latin de cette Réponse.) — Fol. 334vo-339vo. « Declaration faicte par les ministres et deputez des eglises de France, estans en Cour, pour servir d'advis et conseil ausdictes eglises sur l'execution... de l'edit faict par le Roy,... le 17° janvier 1561. » (*S. l., n. d.,*) in-12.

301-302. Charles IX (1562, avril-août). — 473 feuillets.

Fol. 251-280. « Arrest de la Cour, du 6° juin 1562, qui ordonne la pro-fession de foy de ladite Cour... et qu'il seroit fait procession... pour l'expiation des blasphemes... en l'eglise de S. Medard, par les malsen-tant de nostre saincte foy catholique... » (*S. l., n. d.,*) in-8°. — Fol. 365-368. « Arrest et ordonnance de la court de Parlement sur l'injonction à tous officiers royaux et autres de faire profession de leur foy et religion catholique. Paris, » 1562, in-8°, goth. (Lb³³.)

303-304. Charles IX (1562). — 494 feuillets.

305-306. Charles IX (1563). — 476 feuillets.

Fol. 264-275. « Edict et declaration faicte par le roy Charles IX. de ce nom sur la pacification des troubles de ce royaume, le 19 mars 1562. Troyes, Jean Damian, 1568, » in-8o. — Fol. 349-352. « La Suspension des armes et le commerce des marchandises libre, publié à Lyon le 14 avril 1563. Lyon, » 1563, in-8o. — Fol. 443-446. « De C[harles] IX. Declaration faicte par le Roy, estant en sa court de Parlement de Rouen, pour sa majorité, le 17e aoust 1563. Paris, Guill. de Nyverd, » 1563, in-8o. — Fol. 449-452. Autre exemplaire. (Lb^{33}.)

307-308. Charles IX (1563-1564). — 542 feuillets.

Fol. 121-136. « Discours au vray de la reduction du Havre de Grace en l'obeissance du Roy... Paris, Robert Estienne, 1563, » in-8o. — Fol. 138-173. « Lettre de l'evesque de Riez au Roy, contenant les actions et propos de Monsieur de Guyse, depuis sa blessure, jusques à son trespas. Paris, J. Kerver, 1563, » in-8o. — Fol. 438-539. « L'histoire de la vie et mort de feu Mr Jean Calvin, fidele serviteur de Jesus Christ, par Theodore de Beze... Geneve, P. Chouët, 1657, » in-8o. (Lb^{33}.)

309-311. Charles IX (1564-1566). — 453 feuillets.

Fol. 33-43. « Edict et ordonnance du Roy pour le bien et reiglement de la justice et police de son royaume,... donné à Roussillon le 9e d'aoust 1564. Paris, A. Hoüic, 1580, » in-8o. (Lb^{33}.)

312. Charles IX (1566). — 341 feuillets.

Fol. 68-74. « Lettres patentes du Roy nostre sire contenant inhibitions et deffences à toutes personnes de n'aller au service de qui que ce soit... ou favoriser les subiects des pays bas du roy Philippes catholique... Lyon, B. Rigaud, 1566, » in-8o. — Fol. 76-185. « Actes de la dispute et conférence tenue à Paris, ès mois de juillet, et aoust 1566, entre deux docteurs de Sorbonne et deux ministres de l'Eglise reformée. Strasbourg, P. Estiart, 1566, » in-8o (Lb^{33}.)

313-315. Charles IX (1567-1568). — 459 feuillets.

Fol. 166-201. « Exhortation à la Noblesse pour les dissuader et destourner des duels,... par M. Arnauld Sorbin, dict de S. Foy. Paris G. Chaudiere, 1578, » in-8o.

316-317. Charles IX (1568-1569). — 476 feuillets.

Fol. 139-144. « Instruction à Monsieur de Carouges, chevalier de l'Ordre du Roy,... son lieutenant general en Normandie, de ce que Sa Majeste veult et entend estre par luy faict en sa charge. — 4 sept. 1568, » in-8°. —Fol. 145-150. « Lettres patentes adressantes à Monseigneur de Carouges,... pour faire cesser l'exercice de tous les Officiers Royaulx estans de la nouvelle Religion... Rouen, M. Le Mesgissier, 1568, » in-8°. — Fol. 174-180. « Edict du Roy contenant declaration qu'il ne se veult doresnavant plus servir de ses Officiers, tant de judicature que des finances, qui sont de la nouvelle pretendue Religion. Rouen, M. Le Mesgissier, 1568, » in-8°. (Lb33.)

318-319. Charles IX (1568-1569). — 380 feuillets.

Fol. 319-322. « Lettres patentes du Roy de continuation de la seance de la court de Parlement, durant le temps de la presente vacation du 24° de ce present mois d'aoust 1569. Rouen, M. Le Mesgissier, » 1569, in-8° (Lb33.)

320-321. Charles IX (1569-1570). — 427 feuillets.

Fol. 37-44. « Le vray discours de la bataille et victoire obtenue par le Roy sur ses ennemis et rebelles, soubs la conduite de Mgr. le duc d'Anjou, son frère, auprès de Moncontour, le 3° jour d'octobre 1569. Tours, P. Regnard, » 1569, in-8°. (Lb33.)

322-323. Charles IX (1570-1571). — 507 feuillets.

Fol. 34-57. « Edict du Roy sur la pacification des troubles de ce royaume, publié à Paris, en Parlement, l'unziesme jour d'aoust 1570. Sur la copie de Paris, N. Luce, » 1570, in-8°. — Fol. 335-346. « Lettres patentes sur plusieurs dolleances, plainctes et remonstrances faictes au Roy, de la part des Prelatz et gens du clergé de ce Royaulme. Rouen, M. Le Mesgissier, 1572, » in-8°. (Lb33.)

324-326. Charles IX (1572). — 525 feuillets.

Fol. 1-11. « Edict du Roy sur le faict de sa justice, punition des rebellions et excez commis à l'encontre des ministres d'icelle. Tolose, J. Colomier, 1572, » pet. in-4°. — Fol. 404-410. « Ode trionfale au Roy, sus l'equitable justice que sa Majesté feit des rebelles la veille et jour de sainct Loys, par Claude Novvelet, religieux et natif de Talloyres en Savoye. Paris, R. Granjon, 1572, » in-4°. (Lb33.)

327-328. Charles IX et Henri III (1571-1580). — **643 feuillets.**

Fol. 109-130. « Harangue de... Jean-François Commendon, cardinal... légat... en Germanie et Pologne; translaté de latin en françois par F. de Belleforest, Comingois. Paris, Th. Brumen, 1573, » in-8°. — Fol. 353-380. « Discours sur l'histoire des Polognois... Rouen, Bonav. Belis, 1573, » in-8°. — Fol. 471-510. « Harengue publique de bien venue au roy Henry de Valois, roy esleu des Polonnes, prononcée par Stanislaus Carncovien, evesque de Vladislavie. Paris, F. Morel, 1574, » in-8°. (Avec la « Response à ladite Harengue par le sieur de Pibrac. ») — Fol. 600-630. « Les Honneurs et triomphes faits au Roy de Pologne,... qui fut à Miedzeris le xxiiie jour de Janvier 1574. Paris, Denis Dupré, 1574, » in-8°. — Fol. 631-638. « Discours de l'enterrement du feu roy Sigismond deuxiesme de ce nom et de l'entrée et couronnement de Henry, à present roy de Pologne. Paris, Jean Dallier, 1574, » in-8°. (Lb³⁴.)

329-330. Charles IX (1573). — **430 feuillets.**

Fol. 303-318. « Edict du Roy sur la pacification des troubles de ce royaume advenus depuis le 24ᵉ jour d'aoust 1572, publié à Lyon, le 26ᵉ jour du moys d'aoust 1573. Lyon, Michel Jove, 1573, » in-8°. (Lb³³.)

331-333. Charles IX et Henri III (1573-1585). — **363 feuillets.**

Fol. 218-219. « Arrest contre Geoffroy Vallée, extrait des registres du Parlement, du 8 février 1574. » (S. l., n. d.), in-4°. (Lb³³.)

334. *Vacant.* (Numéro réservé pour additions.)

335-336. Henri III (1574). — **449 feuillets.**

Fol. 156-178. « Remonstrance au Roy. » (S. l.), 1574, in-4°. — Fol. 304-335. « Oraison funebre du... roy de France Charles IX,... prononcée en l'eglise Nostre Dame en Paris, le xii. de juillet 1574, par A. Sorbin, dit de Saincte Foy. Paris, G. Chaudiere, 1574, » in-8°. — Fol. 359-376. « Advertissement ou epistre à Messieurs de Paris et autres catholiques de France sur les nouveaux desseings d'aucuns rebelles... Paris, rue S. Jacques, à l'Image S. Martin, 1574, » in-8°. (Lb³⁴.) [1]

---

1. On ne notera plus désormais les divisions du *Catalogue de l'Histoire de France,* qui correspondent aux différents règnes de Henri IV (Lb³⁵), Louis XIII (Lb³⁶), Louis XIV (Lb³⁷) et Louis XV (Lb³⁸).

337-338. Henri III (1575). — 332 feuillets.

Fol. 20-27. « Discours de la desconfiture des Publicains par les capitaines de l'armée de monseigneur le duc de Montpensier, receu par Guillaume Doguet, chevaucheur ordinaire de l'Ecuyrie du Roy. Paris, Vve Jean Daillier et Nic. Rofet, 1575, » in-8º.

339-340. Henri III (1575-1576). — 377 feuillets.

Fol. 329-343. « Sur la publication de la cessation d'armes, faicte à Paris le mardy 8º jour de may 1576. Paris, Denis Dupré, [1576,] » in-8º.

341-342. Henri III (1576). — 467 feuillets.

Fol. 117-132. « Traicté de la paix faicte, conclue et arrestée entre les Estatz de ces Pays-Bas, assemblés en la ville de Bruxelles, et le sieur prince d'Orenges, Estatz de Hollande et de Zelande,... publiée le 8º jour de novembre 1576. Paris, Jean de Lastre, 1577, » in-8º.

343-344. Henri III (1577). — 316 feuillets.

Fol. 39-94. « Harengue prononcée devant le Roy, séant en ses Estats generaulx à Bloys, par... Messire Pierre d'Epinac, archevesque comte de Lyon... Paris, P. l'Huillier, 1577, » in-8º.

345-347. Henri III (1577). — 538 feuillets.

Fol. 121-124. « Declaration du Roy sur ses lettres patentes et closes du mois passé, touchant le devoir des gentilshommes... [14 mai 1577]. Paris, F. Morel, 1577, » in-8º. — Fol. 490-520. « Declaration des justes causes qui ont contraint le roy de Navarre de prendre les armes. — 1577, » in-16.

348-349. Henri III (1577-1578). — 304 feuillets.

Fol. 211-238. « Oraison funebre de noble Paul de Caussade, seigneur de S. Maigrin,... prononcée en l'eglise S. Paul, en Paris, le xxv. de juillet 1578, par A. Sorbin, evesque de Nevers. Paris, G. Chaudiere, 1578, » in-8º.

350-351. Henri III (1578-1579, sept.). — 425 feuillets.

Fol. 43-48. « Mémoire trouvé clos sur la table de la salle des Estats, tenus en Bourgogne le 1er de novembre 1578. (S. l.,) 1579, » in-16. —

Fol. 51-56 et fol. 69-74. « Advis et discours d'un gentilhomme Françoys sur la resolution prinse aux Estats, tenus en Bourgogne, le 1er de novembre 1578. (*S. l.,*) 1579, » in-16. (Double exemplaire.)

352-353. Henri III (oct. 1579-1580). — 403 feuillets.

Fol. 87-102. « Discours du siege et prinse de la ville de Mastrich, en Flandres : par le duc de Parme, gouverneur general du pays, pour la Majesté Catholique... Paris, Jean d'Ongoys, 1579, » in-8°.

354-355. Henri III (1581-1582). — 348 feuillets.

Fol. 216-247. « Emanuel-Erneste, dialogue de deux personnages sur l'estat du Païs Bas... Anvers, 1581, » in-8°. — Fol. 249-252. « Le serment solemnel des souverains de Bearn à leur nouvel advenement à la seigneurie, presté par le feu roy Henry le Grand, de glorieuse memoire, l'an 1581... Paris, 1618, » in-8°.

356-357. Henri III (1582-1583). — 431 feuillets.

Fol. 126-136. « Discours veritable de ce qui est advenu en la ville de Bruges, l'an 1582, par ce que le roy Philippe d'Espagne a derechef praticqué nouveaux traistres et meurtriers pour oster la vie au duc de Brabant... Bruges, Thomas Moerman, 1582, » in-8°.— Fol. 137-167. « Lettres interceptes du cardinal de Granvelle et autres. Anvers, 1582, » in-8°.

358-359. Henri III (1584). — 527 feuillets.

Fol. 468-473. « Le manifeste de la Saincte Ligue. » — Fol. 474-480. Le veritable sur la Saincte Ligue. » — Copies mss. du temps.

360-361. Henri III (1585). — 372 feuillets.

Fol. 96-101. « Declaration des causes qui ont meu Mgr. le cardinal de Bourbon et les Pairs, princes, prelats,... catholiques de ce royaume de France de s'armer contre ceux qui veulent subvertir la religion de l'estat. » (30 mars 1585 [1586].) Copie ms. du temps.

362-363. Henri III (1585). — 408 feuillets.

Fol. 44-67. « Declaration du roy de Navarre sur les calomnies publiées contre luy és protestations de ceux de la Ligue qui se sont eslevez en ce royaume. A Ortés, [Loys Rabier], 1585, » in-8°.

364-365. Henri III (1585). — 344 feuillets.

366-367. Henri III (1586). — 492 feuillets.

368-369. Henri III (1586-1587, avril). — 392 feuillets.

Fol. 11 et 13. Certificats d'entrée et de sortie de « une compaignie de « cent hommes de guerre à pied françoys, sous la charge et conduite « de Fleurimont de Bethisy, » donnés par Charles « de Orcambourg, lieutenant... de la ville de Harfleur » (20 et 26 août 1526); originaux. — Fol. 123-189. « Advertissement des catholiques Anglois aux François catholiques du danger où ils sont de perdre leur religion... (S. l.), 1586, » in-8°.

370-371. Henri III (1587, mai-oct.). — 371 feuillets.

372-374. Henri III (1587). — 456 feuillets.

Fol. 268-274. « Convoi de resjouissance au peuple de Paris sur le retour du Roy, de la defaite et route des reistres et de leurs alliez, et de l'heureuse victoire obtenue par Sa Majesté, par Thomas Guiet, maistre boulanger à Paris. Paris, Jaques du Puis, 1588, » in-8°.

375-376. Henri III (1588). — 413 feuillets.

377-378. Henri III (1588). — 418 feuillets.

Fol. 189-190. Double d'une lettre qui a esté escrite par monsieur de Guyse [Henry de Lorraine] à Monsieur le marquis d'Espinay (19 juillet 1588). — Fol. 262-268. « Lettre de Monseigneur de Nevers présentée au Roy, estant en son Conseil, le 6 aoust 1588. (S. l.,) 1588, » in-8°.

379-380. Henri III (1588). — 426 feuillets.

Fol. 19-26. « La Harangue faite par le roy Henry III°, de France et de Polongne, à l'ouverture de l'assemblée des trois Estats generaux de son royaume, en sa ville de Bloys, le 16° jours d'octobre 1588. Orléans, » (s. d.), in-4°. — Fol. 27-33. « Remerciment fait au Roy par Monsieur l'archevesque de Bourges,... sur la proposition faicte par Sa Majesté à l'ouverture de ses Estats,... le 16. d'octobre 1588. Paris, Fed. Morel, 1588, » in 8°. — Fol. 56-65. » Briefve exhortation faicte aux Estats de ce royaume par Monsieur l'archevesque, patriarche de Bourges, sur le serment solennel presté par Sa Majesté,... pour l'entretenement de l'Edict d'Union, le 18. d'octobre 1588. » (S. l., n. d.,) in-8°.

381-382. Henri III (1588). — 388 feuillets.

Fol. 121-126. « Lettre au Roy par Monsieur le duc d'Espernon. » (S. l.,) 1588, in-8°. — Fol. 149-156. « Requeste presentée au Roy par messieurs les cardinaux, princes, seigneurs et deputez de la ville de Paris,... unis pour la deffence de la Religion catholique, apostolique et romaine. Paris, G. Bichon, 1588, » in-8°. — Fol. 201-208. « Plaintes et remonstrances faictes au Roy et à la Reyne Mère, par messieurs les princes et seigneurs catholiques. » (S. l.,) 1588, in-8°. — Fol. 226-279. « Discours sur les calomnies imposées aux princes et seigneurs catholiques par les Politiques de nostre temps. » (S. l.,) 1588, in-8°. — Fol. 323-326. « Commentaires et remarques chrétiennes sur l'Edict d'Union de l'an 1588... Paris, R. Thierry, 1590, » in-8°. — Fol. 343-380. « Apologie de maistre André Maillart, conseiller du Roy et maistre des requestes ordinaires de Sa Majesté. » (S. l.,) 1588, in-8°.

383-384. Henri III (1588-1589). — 425 feuillets.

Fol. 31-38. « Propos tenus au Roy à la presentation de la requeste des princes, seigneurs et communautez de l'Union pour la deffence de la Religion catholique, apostolique et romaine. Paris, N. Nivelle, 1588,» in-8°. — Fol. 83-89. « Sommaire description de la guerre de Hongrie et de Transsylvanie,... depuis 1597 jusques au printemps de l'an 1598,... traduit de l'allemand en françois par P. Victor Cayet, sieur de la Palme... Paris, G. Chaudiere, 1588, » in-8°.

385-386. Henri III (1589). — 387 feuillets.

Fol. 4-11. « La Declaration de la volonté du Roy faicte depuis son departement de Paris. Paris, sur la coppie imprimée à Chartres, 1588, » in-8°. [Portrait de Henri III au titre.] — Fol. 347-366. « Reglement general pour remedier aux desordres advenuz à l'occasion des troubles presens, attendant l'assemblée generale des Estats du Royaume. Publié en la cour de Parlement, le 20 avril 1589. Paris, Nic. Nivelle, 1589, » in-8°.

387-389. Henri III (1589, et s. d.). — 714 feuillets.

Fol. 529-556. « Le martire des deux freres, contenant au vray toutes les particularitez plus notables des massacres et assassinats commis ès personnes du... cardinal de Guyse,... et le duc de Guyse, pairs de France, par Henry de Valois... (S. l.), 1579, » in-8° [A la fin, portrait du duc de Guise]. — Fol. 650-657. « La Victoire obtenue par Mgr. le duc de Mayenne... Paris, D. Millot, 1589, » in-8°. — Fol. 658-665. « Les propos tenus par Mgr. le duc de Mayenne aux capitaines et soldats de la saincte Union auparavant le combat. Paris, Ant. du Brueil, 1589, » in-8°. — Fol. 666-673. « Discours ample et veritable de la defaite obtenuë aux faux-bourgs de Tours sur les troupes de Henry de Valois, par Mgr. le duc de Mayenne... Paris, Nic. Nivelle, 1589, » in-8°. — Fol. 674-681. « La nouvelle defaite obtenue sur les trouppes de Henry de Valois, dans les faux-bourgs de Tours, le 8° may 1589, par Mgr. le duc de Mayenne... Paris, Nic. Nivelle, 1589, » in-8°. — Fol. 682-688. « Seconde victoire obtenue à Tours par Mgr. le duc de Mayenne, le mardi 9. jour de may, dernier, à l'encontre du tyran... Paris, D. Millot, 1589, » in-8°. — Fol. 691-695. « Action de graces à Dieu pour les beaux exploits faictz à Sainct-Ouyn, près la ville de Tours, par Mgr. le duc de Maienne... » (S. l., n. d.,) in-8°. — Fol. 698-699. « Action de graces des Parisiens à... Mgr. le chevalier d'Aumalle, par Jean Mondin, poete parisien... (S. l., n. d.,) in-8°.

390-391. Henri IV (1589). — 367 feuillets.

Fol. 1-21. Oraisons funèbres du roi de France Henri III; fol. 170-188, in-4°. — Fol. 74 A-G. « Edict et declaration de Mgr. le duc de Mayenne et le Conseil general de la saincte Union... Paris, Nic. Nivelle, 1589, » in-8°. — Fol. 215-230. « Origine, genealogie et demonstration de ceste excellente et heroyque maison de Lorraine, et Guyse en deppendente... Paris, J. Perinet, 1589, » in-8°. — Fol. 291 A-D. « Arrest du Conseil general de l'Union des Catholiques, par lequel est enjoinct... de prester le serment de l'Union... Paris, Nic. Nivelle, 1589, » in-8°. — Fol. 309-319. « Le Pouvoir et commission de Mgr. le... cardinal Caietan, legat deputé par le S. Siege apostolique au royaume de France. » A la fin, « De la version de B. D. V. » [1589], in-8°. — Fol. 319-330. « Les articles de la puissance donnée par Nostre S. Pere à Mgr. le... cardinal Caietan, legat de Sa Sainteté au royaume de France; en latin et en françois. Paris, Nic. Nivelle, 1590, » in-8°.

392-393. Henri IV (1589). — 416 feuillets.

Fol. 100-103. « Arrest de la cour de Parlement pour la convocation et assemblée generale des trois Estats de ce royaume, assignée en la ville de Melun. Paris, Ch. du Souchet, 1589, » in-8°. — Fol. 174 A-G. « Declaration du Roy par laquelle il veut que les maisons des Catholiques qui assistent le roy de Navarre... soient conservées. Paris, Nic. Nivelle, 1589, » in-8°. — Fol. 191-194. « Mandement du ban et arrière-ban pour se trouver près la personne de Mgr. le duc de Mayenne... Paris, Nic Nivelle, 1589, » in-8°. — Fol. 336-343. « Discours de ce qui s'est faict et passé en la ville d'Orléans par M. le chevalier d'Aumalle... (S. l.,) 1589, » in-8°. — Fol. 389-398. « Decretum regis Galliæ de rebellione... ducis Mayenni... (S. l.,) 1589, » in-8°. — Fol. 400-407. « Le faux visage descouvert du fin renard de la France, à tous catholiques unis... [Paris,] Jacques de Varangles, 1589, » in-8°. — Fol. 409-412. « Discours au vray de la defaicte des reistres du prince de Bearn à Connerré par M. le comte de Brissac... Lyon, L. Tantillon, 1589, » in-8°.

394-395. Henri IV (1589). — 435 feuillets.

Fol. 171-176. « Les inhumanitez et sacrileges du capitaine Lignou envers les religieux de la chartreuse du Liget, place en Thouraine par luy prise... Paris, D. Binet, 1589, » in-8°. — Fol. 179-186. « Advertissement envoié à Mgr. le duc du Maine sur le departement de son armée. Paris, Pierre des Hayes, 1589, » in-8°. — Fol. 189-194. « Lettre d'un lieutenant-general de province à un des premiers magistrats de France. Paris, M. Joüin, 1589, » in-8°. — Fol. 197-208. « Le remerciment des Catholiques unis, faict à la declaration et protestation de Henry de Bourbon, dict roy de Navarre. Paris, R. Thierry, 1589, » in-8°. — Fol. 210-221. « Advis et exhortation en toute humilité et obeissance à Mgrs. du Conseil d'Estat general de la saincte Union... contre les blasphemateurs du nom de Dieu... Paris, D. Binet, 1589, » in-8°. — Fol. 224-295. « Dialogue du royaume, auquel est discouru des vices et vertus des roys... Paris, D. Millot, 1589, » in-8°. — Fol. 297-304. « Origine de la maladie de la France, avec les remedes propres à la guarison d'icelle, avec une exortation à l'entretenement de la guerre. Paris, Jacques Varangues, » (s. d.,) in-8°. — Fol. 307-313. Discours, etc., même ex. que dans le volume 392-393, fol. 336-343. — Fol. 316-331. « Doleances des vrais catholiques captifs et asservis en la ville d'Angers... Paris, G. Bichon, 1589, » in-8°. — Fol. 333-340. « Advis donné à Mgr. le duc du Mayne, après le retour de son armée à Paris,... par un gentilhomme catholique... Paris, P. Mercier, 1589, » in-8°. — Fol. 342-345. « Forme du serment qu'il convient faire par tout ce royaume pour l'entretenement de la saincte Union... Paris, Fed. Morel, 1589, » in-8°.

396-397. Henri IV (1589-1590). — 479 feuillets.

398-399. Henri IV (1590). — 465 feuillets.

Fol. 6-9. « Arrest de la cour de Parlement, par lequel est enjoinct de recognoistre le roy Charles X. pour vray et legitime roy de France, et deffendu aucun traicté de paix avec Henry de Bourbon. Lyon, Jehan Pillehotte, 1590, » in-8°.

400-401. Henri IV (1590). — 419 feuillets.

5

402-403. Henri IV — (1590-1591). — 439 feuillets.

404-405. Henri IV (1591). — 387 feuillets.

> Fol. 102-103. « Lettres patentes contenant la declaration du Roy
> confirmative d'autres declarations, et arrêt de la cour du Parlement
> intervenu sur icelles, le Parlement étant à Tours. Imprimé chez
> Jamet Metayer, 1591, » in 4º. (Réimpression du xviiiᵉ s.) — Fol. 206-212.
> « Edict du Roy sur la revocation des edicts de la Ligue, faits és années
> 1585 et 1588. Tours, Jamet Mestayer, 1596, » in-8º.

406-407. Henri IV (1591). — 467 feuillets.

408-409. Henri IV (1591-1592). — 410 feuillets.

> Fol. 92-167. « Discours sur l'estat de la France. Imprimé (s. l.) avec
> permission du Roy, 1591, » in-8º. — Fol. 168-183 et 184-199. « Bulles de
> N. S. Pere le pape Gregoire XIII., l'une contre toutes personnes ecclé-
> siastiques, suyvans le party de Henry de Bourbon, jadis roy de Navarre;
> l'autre aux princes, seigneurs, nobles et autres personnes laïques
> suyvans le mesme party. Paris, R. Nivelle et R. Thierry, 1591 », in-8º.
> (Textes latin et français). — Fol. 206-237. « Discours sur la mort de
> M. le président Brisson, ensemble les arrests donnez à l'encontre des
> assassinateurs. Paris, Cl. de Montr'œil et J. Richer, 1595, » in-8º.

410-411. Henri IV (1592). — 425 feuillets.

412-413. Henri IV (1592). — 343 feuillets.

414-415. Henri IV (1593). — 395 feuillets.

> Fol. 74-104. « Advertissement à messieurs les deputez des Estats
> assemblez en la ville de Paris, au mois de Janvir (sic) 1593. A Paris, »
> s. d., in-8º. — Fol. 207-210, « Replique à la responce envoyée sous le
> nom de M. le duc de Mayenne.... afin de parvenir au repos tant neces-
> saire à ce royaume,... avec la responce à la susdite requeste. Bruxelles,
> Rutger Velpius, 1593, » in-8º.

416-417. Henri IV (1593). — 386 feuillets.

> Fol. 332-342. « Articles accordez pour la treve generale, avec les lettres
> de Mgr. le duc de Mayenne, addressantes à la cour de Parlement pour
> la verification d'iceux. Paris, Fed. Morel, 1593, » in-8º.

418-419. Henri IV (1593). — 440 feuillets.

Fol. 321-324. « Reglement que Mgr. le duc de Genevois et de Nemours a ordonné estre observé en ceste ville de Lyon, pendant la Treve generale. Lyon, Jean Pillehotte, 1593, » in-8°.

420-421. Henri IV (1593). — 467 feuillets.

Fol. 418-438. « Declaration du Roy sur la fin de la Tresve. A S. Denys en France, de l'impr. de P. l'Huillier, 1594, » in-8°.

422-423. Henri IV (1593). — 403 feuillets.

424-425. Henri IV (1593-1594). — 467 feuillets.

Fol. 410-421. « Edict et declaration du Roy sur la reduction de la ville de Paris, soubs son obeyssance. Paris, Fed. Morel, 1594, » in-8°.

426-428. Henri IV (1594). — 509 feuillets.

Fol. 265-271. « Coppie des lettres du Roy à Mgr. Dornano... sur l'entiere deffaicte et route de l'armée espagnolle venue au secours de la ville de Laon en Picardie. Lyon, Guichard Jullieron, 1594, » in-8°.

429-430. Henri IV (1594). — 552 feuillets.

Fol. 217-264. « Panegyrique au roi Henry III, par M. G. Joly, advocat en la cour de Parlement. Paris, M. Patisson, 1594, » in-8°. — Fol. 349-456. « Plaidoyé des gens du Roy faict en Parlement... sur la cassation d'un prétendu arrest donné au pretendu parlement de Chalons. Arras, G. Bauduyn, 1594, » in-8°. — Fol. 458-540. « Discours de la legation de monsieur le duc de Nevers envoyé... vers le pape Clement VIII. Paris, J. Mettayer et P. L'Huillier, 1594, » in-8°.

431-433. Henri IV (1594-1595). — 413 feuillets.

434-435. Henri IV (1595). — 479 feuillets.

Fol. 401-408. « Articles accordez par le Roy pour la Tresve generale du Royaume. Paris, [F. Morel,] 1595, » in-8°.

436-438. Henri IV (1595-1596). — 490 feuillets.

Fol. 254-260. « Les articles accordez pour la Treve ès provinces d'Anjou, Touraine, le Maine,... jusques au premier jour de juillet 1596. Paris,

François Hubi, [1596,] » in-8°. — Fol. 271-286. « Edict du Roy sur les articles accordez à M' le duc de Mayenne pour la paix en ce royaume. Paris, M. Patisson, 1596, » in-8°.

439-440. Henri IV (1597). — 584 feuillets.

Fol. 486-489. « Articles accordez par le Roy au marquis de Montenegro, commandant en la ville d'Amiens,... le 19° jour de septembre 1597, Lyon, G. Jullieron, 1597, » in-8°. — Fol. 526-529. « Articles pour la suspension d'armes, accordez par messieurs les deputez du Roy, avec ceux du duc de Mercueur. Paris, Fed. Morel, 1597, » in-8°.

441-443. Henri IV (1597-1598). — 547 feuillets.

Fol. 11-21. « Discours sur la reprise d'Amiens. (S. l.,) 1597, » in-8° (le 1er feuillet manque). — Fol. 40-49. « Resjouyssance de la France sur la libre et volontaire conversion de Madame la princesse de Condé à la foy catholique... Paris, J. Le Blanc, 1597, » in-8°. — Fol. 75-111. « La vraye narration de la guerre de Hongrie depuis septembre jusques en mars dernier, » [1598], traduit de l'allemand par « Pierre-Victor Cayer, sieur de la Palme. » (S. l.,) 1598, in-8° (sans titre). — Fol. 302-317. « Edict du Roy sur les articles accordez à M' le duc de Mercœur, pour sa réduction, et des villes de Nantes et autres de Bretaigne en l'obeïssance de sa Majesté. Lyon, Th. Ancelin, 1598, » in-8°. — Fol. 318-332. Autre ex. « Paris, J. Mettayer et P. l'Huillier, 1598, » in-8°.

444-445. Henri IV (1598-1600). — 496 feuillets.

Fol. 151-162. « 1598. » (S. l.), in-8°. (Discours sur la paix de Vervins.)

446-447. Henri IV (1600-1601). — 564 feuillets.

Fol. 376-382. « Declarations de Henry quatriesme, roy de France et de Navarre, sur les traittez de paix de Vervins et Lyon, en faveur de la seigneurie de Geneve... Geneve, 1611, » in-8°. — Fol. 443-518. « L'Histoire de la conqueste des pays de Bresse et de Savoye par le Roy treschrestien ; à monseigneur de Rosny, par le sr de la Popelliniere. Paris, A. de Monstr'œil et Jean Richer, 1601, » in-8°.

448-449. Henri IV (1602-1603). — 432 feuillets.

Fol. 195-235. « La conspiration, prison, jugement et mort du duc de M. de Biron. » (S. l., n. d.), in-8°. Portrait gravé par « Tho. de Leufc. » de « Charles de Gontaut de Biron, mareschal de France. »

450-451. Henri IV (1604-1605). — 326 feuillets.

452-453. Henri IV (1606-1608). — 508 feuillets.

Fol. 108-136. « La Fulminante pour feu tres-grand et tres-chrestien prince Henry III., roy de France et de Pologne, contre Sixte V., soy disant pape de Rome, et les rebelles de France. (S. l.,) 1606, » in-8°. — Fol. 290-321. « De l'impossibilité et impertinence du Concile, tel qu'il est demandé par requeste au Roy, et des inconveniens qui en pourroient arriver. (S. l.,) 1607, » in-8°. — Fol. 322-337. « Response au discours faict au Roy pour l'assemblée d'un nouveau Concile. (S. l.,) 1607, » in-8°. — Fol. 338-353. « Response au discours presenté au Roy pour la reünion des deux Religions. (S. l.,) 1607, » in-8°. — Fol. 354-357. « Renvoy du discours de l'union contre la publicati[o]n du Concile de Trente. (S. l.). 1607, » in-8°. — Fol. 359-379. « Discours au Roy. (S. l.,) 1607, » in-8°. — Fol. 473-480. « A Madame la duchesse de Mompensier (*sic*), sur le trespas de Monseigneur le duc de Mompensier, son mary, [par le sieur Rebours.] Paris, David Le Clerc, 1608, » in-8°. — Fol. 481-488. « Regrets et lamentations funebres de la France sur la mort et trespas de Monseigneur le duc de Montpensier,... par G. Gerard, Ardenois. Paris, Estienne Colin, 1608, » in-8°.

454-455. Henri IV (1609-1610). — 477 feuillets.

Fol. 288. Estampe gravée sur cuivre représentant l'assassinat de Henri IV et le supplice de Ravaillac (270 × 390^{mm}). — Fol. 312-319. « Discours et souspirs de la France sur l'attentat et parricide commis en la personne de... Henry IIII., roy de France... Paris, suivant la copie impr. par François Huby, 1610, » in-8°. — Fol. 321-359. « Adieu de l'ame du roy de France et de Navarre, Henry le Grand à la Royne, avec la defense des Peres Jesuistes, par la damoiselle de Gournai. Paris, Fleury Bourriquant, 1610, » in-8°. — Fol. 361-368. « Funus regium. Les Obseques du Roy. Appendix ad Commentarios de rebus toto orbe gestis. Paris, Pierre Chevalier, 1610, » in-8°. — Fol. 379-428. « L'Epithete d'honneur d'Henry le Grand, IIII. du nom, roy de France, .. ensemble les obseques,... par André Du Chesne, Tourangeau. Paris, Jean Petitpas, 1610, » in-8°. — Fol. 430-453. « Les Cimetieres royaux, à Monseigneur le Dauphin, par le sieur de Berthrand d'Orleans, advocat en Parlement. Bourges. Maurice Levez, 1610, » in-8°. — Fol. 455-470. « Oraison funebre sur le trespas de Henry le Grand, IIII. du nom, roy de France,... prononcée en l'eglise royale de S. Aignan à Orleans, le samedy 12. jour de juin 1610. par Fr. Pierre d'Amour, docteur en theologie, prieur des Freres Prescheurs d'Orleans... Paris, Rolin Thierry, 1610, » in-8°.

456-457. Henri IV (1610). — 436 feuillets.

Fol. 61-73. « Les Larmes de Pierre de Chambrun, sieur de l'Emperi, m[edecin] du R[oi], sur la mort de Henry le Grand, roy de France... Paris, Jean Berjon, 1611, » in-8°. — Fol. 75-82. « Les Manes de Henry le Grand. » (S. l., n. d.,) in-8°. — Fol. 84-87. « La Rencontre de M. d'Espernon et de François Ravaillac. (S. l.,) 1616, » in-8°. — Fol. 89-95. « Censura sacræ Facultatis theologiæ Parisiensis contra impios et execrabiles regum ac principum parricidas. Parisiis, Gasp. Meturas, 1658, » in-4° (latin et français). — Fol. 96-103. « Diræ in parricidam, ad illustrissimum cardinalem D. D. Du Perron,... [auct. N. Borbonio]. Parisiis, Jo. Libert, 1610, » in-8°. — Fol. 105-108. « Stances de Madamoyselle Anne de Rohan sur la mort du Roy. Lyon, pour François Yvra, 1610, » in-8°. — Fol. 109-116. « Diræ in parricidam, ad illustrissimum cardinalem D. D. Du Perron... [auct. N. Borbonio]. Parisiis, Jo. Libert, 1610, » in-8°. — Fol. 117-124. « Execrations sur le detestable parricide, traduit du latin de Nicolas Bourbon, par D. F. Champflour, Clairmontois, prieur de Sainct-Robert de Montferrand en Auvergne. Paris, Jean Libert, 1610, » in-8°. — Fol. 125-130. « Henrico Magno lacrymæ Jo. Bonefonii Jo. filii, ad Henricum Borbonium, principem Condæum. Parisiis, Jo. Libert, 1610, » in-8°. — Fol. 131-134. « Lamentation et regrets sur la mort de Henry le Grand, à l'imitation paraphrastique de la monodie grecque et latine de Fed. Morel, interprete du Roy, par Isaac de la Grange. Paris, Jean Libert, 1610, » in-8°. — Fol. 135-140. « Stances sur la mort de Henry le Grand, par P. P. G. P. Paris, Jean Libert, 1610, » in-8°. — Fol. 166-173. « La sanglante chemise de Henry le Grand. » (S. l. n. d.,) in-8°. — Fol. 175-182. « Interrogation et declaration de Madamoiselle Decoman. (S. l.,) 1616, » in-8°; au sujet de Ravaillac. — Fol. 285-288. « Lettre de Monsieur de Rosny à la Royne regente. » (S. l., n. d.,) in-8°. — Fol. 299-306. « Considerations à la France sur la consolation envoyée de Rome, à la Royne mere du Roy, regente en France. » (S. l. n. d.,) in-8°. — Fol. 362-435. « Henricus Magnus, authore Cl. Bartolomæo Morisoto, Divionensi, J. C. Lugduni-Batavorum, anno 1624, » in-8°.

458-459. Henri IV (1610). — 945 pages[1].

Pages 627-633. « Le Regne sans favory, ou l'abregé de la vie du roy Henry le Grand, dedié aux bons François. Paris, Robert Quenet,

---

1. On a retiré du Portefeuille 458-459 (p. 535), le ms. suivant, porté aujourd'hui sous le n° 14850 du fonds français :

« Les Anagrammes des noms du Roy et de la Royne en hebrieu, grec et latin, faicts par Jean de Gourdon, sieur de Longormes en Beausse,... escrits de la main de Guillaume Le Gangneur, secretaire de la chambre de Sa Majesté. » — xvi° siècle. Parchemin. 21 feuillets. 182 sur 138 millimètres. Rel. maroquin rouge, aux armes de Henri IV.

1649, » in-4°. — Pages 915-938. « Discours sur le subject du colosse du grand roy Henry, posé sur le milieu du Pont-neuf de Paris,... [par Louis Savot]. Paris, Nic. de Montrœil, » (*s. d.,*) in-8°.

460-462. *Vacants.* (Numéros réservés pour additions.)

463-465. Louis XIII (1610-1614). — 635 feuillets.

Fol. 265-278 (271 et 272 blancs). « Cayer de ceux de l'assemblée de Saumur. Jouxte la copie impr. à Paris, par Fr. Rezé, 1611, » in-8°. — Fol. 300-311. « Article et conventions arrestées en Espagne, le mercredy 20. d'aoust 1612, par Monsieur le duc de Mayenne... sur le mariage du roy Louis XIII, avec l'Infante, dame Anne, princesse d'Espagne. (*S. l.,*) 1614, » in-8°. — Fol. 315-322. « Articles et conventions arrestées en France, le mercredy 20. aoust 1612, par l'illustrissime seigneur duc de Pastrana... sur le mariage de Dom Philippe, prince d'Espagne et de Madame Elizabeth de France. (*S. l.,*) 1614, » in-8°. — Fol. 330-337. « Relation de ce qui s'est passé sur l'arrivée de Monsieur le duc de Mayenne et d'Aiguillon, ambassadeur extraordinaire en Espagne, pour l'accomplissement du mariage de Louis XIII... avec l'Infante des Espagnes, de la réception qui luy a esté faicte à Madrid... Paris, V⁰ Pierre Bertaud, 1612, » in-8°. — Fol. 358-361. « Coppie d'une lettre escrite à Monsieur le duc de Guyse par un gentilhomme de ses serviteurs. (*S. l.,*) 1613 », in-8°. — Fol. 370-375. « Discours sur l'apparition et faits prétendus de l'effroyable Tasteur, dedié à Mesdames les poissonnieres, harengeres,... par Angoulevent. Paris, Nic. Martinant, 1613, » in-8°. — Fol. 379-382. « Discours de ce qui s'est passé à Mezieres. » lors de la retraite du prince de Condé. (*S. l., n. d.,*) in-8°. — Fol. 383-386. « Apologie pour Monsieur le prince de Condé sur son départ de la Cour. » (*S. l., n. d.,*) in-8°. — Fol. 392-395. « Lettre de la Royne au Parlement de Bretagne. Paris, Pierre Chevalier, 1614, » in-8°. — Fol. 397-404. « Advis aux trois Estats de ce royaume sur les bruits qui courent a present de la guerre civile. Paris, Pierre Chevalier, 1614, » in-8°. — Fol. 410-417. « Double de la lettre escritte par Mgr. le prince de Condé, suivant le vray original, à la Reyne regente, mere du roy, le 19. fevrier 1614. Paris, Jean de Bordeaux, 1614, » in-8°. — Fol. 418-433. « Double de la response de la Royne regente, mere du Roy, à la lettre escrite à sa Majesté par Mgr. le prince de Condé, le 19⁰ de fevrier 1614. Paris, F. Morel et P. Mettayer, 1614, » in-8°. — Fol. 437-440. « Lettre de Mgr. le cardinal Du Perron à Mgr. le Prince. Paris, Ant. Estiene, 1614, » in-8°. — Fol. 442-445. Autre édition différente, publiée par le même Estienne et à la même date. — Fol. 451-454. « Lettre de Monsieur de Vendosme au Roy, 1614, » in-8°. — Fol. 455-458. « Seconde lettre de Monsieur de Vendosme au Roy, avec une lettre à la Royne. Paris,

Melchior Mondiere, 1614, » in-8°. — Fol. 460-471. « Lettre de Jacques
Bonhomme, paysan de Beauvoisis, à Messeigneurs les Princes retirez
de la Cour. Jouxte la coppie impr. à Paris, chez Jean Brunet, 1614, »
in-8°. — Fol. 475-478. « Response de M. le cardinal de Sourdis à la lettre
de Monseigneur le Prince. Paris, Pierre Chevalier, 1614, » in-8°. — Fol.
484-487. « Lettre de la Royne regente envoyée à Messieurs de Parlement. Paris, F. Morel et P. Mettayer, 1614, » in-8°. — Fol. 491-498.
Discours veritable des propos tenus entre deux marchandes du Palais,
estant aux estuves, près S. Nicolas des Champs, le mardy 10ᵉ de juin
1614, sur le retour de Messieurs les Princes à la Cour. Paris,
Ant. de Brueil, 1614, » in-8°. — Fol. 499-506. « Conjouissance de Jacques
Bonhomme, paysan de Beauvoisis, avec Messeigneurs les Princes
réconciliés. Paris, Ch. Chappellain, 1614, » in-8°. — Fol. 507-514.
« Responce du crocheteur de la Samaritaine à Jacques Bonhomme,
paisan de Beauvoisis, sur la lettre escrite à Messieurs les Princes
retirez de la Cour. (S. l.,) 1614, » in-8°. — Fol. 516-519. « Lettre de
Monsieur de Vendosme à la Royne sur son entrée à Vannes, le
15 juin 1614. Paris, Pierre Chevalier, 1614, » in-8°. — Fol. 520-523.
« Derniere lestre escritte à la Royne par Monseigneur le Prince. (S. l.,)
1614, » in-8°. — Fol. 543-546. « Lettre de Monsieur le Prince envoyée à la
Royne touchant le refus à luy faict en la ville de Poictiers. (S. l.,)
1614, » in-8°. — Fol. 547-554. « Procés verbal de la revolte faicte par Messieurs de Poictiers à leur gouverneur, Monsieur le duc de Roannes,
envoyé à Sa Majesté. (S. l.,) 1614, » in-8°. — Fol. 555-562. « La justice
que Monseigneur le Prince demande à la Royne de la rebellion de
Poictiers. (S. l.,) 1614, » in-8°. — Fol. 563-570. « Remerciement au Roy
par les habitans de la ville de Poictiers sur le soing que Sa Majesté
a eu de leur conservation. Paris, Ant. du Brueil, 1614, » in-8°. — Fol.
571-574. « Lettre de Monsieur de Bouillon à Monsieur le Prince sur
l'affaire de Poictiers. (S. l.,) 1614, » in-8°. — Fol. 575-577. « Coppie de la
lettre de Monsieur de Bouillon à Madame de La Trimouille. » (S. l., n. d.,)
in-8° (p. 11-15). — Fol. 593-602. « Lettres patentes du Roy, du mois de
juillet 1614, contenants sa declaration sur ce qui s'est passé durant et
à l'occasion du mouvement faict par l'entremise et recherche de Monsieur le Prince de Condé,... verifiées en Parlement le 4 dudict mois de
juillet 1614. Paris, F. Morel et P. Mettayer, 1614, » in-8°. — Fol. 630-633.
« Extraict des registres de la Cour touchant ce qui s'est passé en l'affaire
de Monsieur d'Espernon, » 24 nov. 1614. (S. l., n. d.,) in-8°.

466-468. Louis XIII (1614-1615). — 762 feuillets.

Fol. 18-21. « Advis à Monseigneur le Prince. (S. l.,) 1614, » in-8°. —
Fol. 23-38. « Remonstrance aux mal-contens. Paris, 1614, » in-8°. — Fol.

40-63. « Le vieux Gaulois à Messieurs les Princes. Paris, jouxte la copie impr. par Jean le Begue, 1614, » in-8°. — Fol. 65-72. « L'heureux succès de la conference de Soissons, Paris, Gilbert Le Veau, 1614, » in-8°. — Fol. 73-79. « Discours sur le traité de Soissons. Paris, Jean Brunet, 1614, » in-8°. — Fol. 81-88. « Ode à la Royne sur l'heureux succez de la conference de Soissons. Paris, 1614, » in-8°. — Fol. 89-96. « Les recommendations ordinairement faictes et preschées en la chaire de Soissons durant sa conference, et Messeigneurs presents. par Pierre Du Blanc... Paris, Pierre Chevalier, 1614, » in-8°. — Fol. 98-105. « Resolution à la paix et au service du Roy. Paris, Jos. Bouillerot, 1614, » in-8°. — Fol. 106-113. « Le project des principaux articles de la paix et le choix du lieu désigné pour la tenue des prochains Estats. Paris, Jos. Bouillerot, » 1614, in-8°. — Fol. 114-121. « Articles de la paix [accordée au prince de Condé]. Paris, F. Morel et P. Mettayer, 1614, » in-8°. — Fol. 122-125. « Articles [de la paix] accordez... à Monseigneur le prince de Condé... Paris, Jos. Bouillerot, 1614, » in-8°. — Fol. 126-131. « Le Te Deum et les actions de graces des habitans de Saincte-Manehoud. » (S. l.,) [1614,] in-8° (pp. 5-13). — Fol. 132-139. « Le Certificateur de la paix, nouvellement venu du party de Messieurs les Princes au service du Roy. Paris, Ant. du Breuil, 1614, » in-8°. — Fol. 140. « Le Cantique de la paix, dédié aux amoureux d'icelle. (S. l.,) 1614, » in-8°. — Fol. 144-151. Le Triomphe de la paix faicte entre le Roy et Nosseigneurs les Princes. Paris, Jos. Bouillerot, 1614, » in-8°. — Fol. 153-160. « L'ambition de l'Espagnol en son artifice par luy faict, en la solemnité de la vueille de la S. Jean Baptiste,... par M. C. I. H. D. C. Paris, Jean Brunet, 1614, » in-8°. — Fol. 162-165 et 202-205. « Discours contenant les dernières paroles de monseigneur le chevalier de Guyse, estant aux agonies de la mort, par S. D. M. d'Orl. Paris, Ant. Champenois, 1614, » in-8°. — Fol. 166-169. « Les Regrets du trespas du très haut et invincible prince, monseigneur François-Paris de Lorraine, chevallier de Guyse,... décédé au chasteau de Baux, le 1. jour de juin 1614, par P. Du Blanc... Paris, Pierre Chevalier, 1614, » in-8°. — Fol. 170-173. « Prosopopée de la ville de Paris, laquelle s'offre pour le tombeau de monseigneur le chevalier de Guyse, par N. D. B. Paris, Ant. Champenois, 1614, » in-8°. — Fol. 174-181. « Le tombeau de feu monseigneur le chevalier de Guyse. Paris, Jean Brunet, 1614, » in-8°. — Fol. 182-189. « Lettre de consolation envoyée à messeigneurs de Guise sur la mort et trespas de feu Monsieur le Chevalier. Paris, Jean Brunet, 1614, » in-8°. — Fol. 190-195. « Lettre d'Espagne presentée à la Royne regente par le sieur Philotée Elian de Mont Alto. Paris, Jean Brunet, 1614, » in-8°. — Fol. 196-199. « Sentence arbitrale de maistre Guillaume sur les differends qui courent. (S. l.,) 1614, » in-8°. — Fol. 243-254. « Prédiction de Morgard pour la présente année 1614, avec les centuries pour la mesme année. »

(*S. l., n. d.,*) in-8°. — Fol. 273-274. « Les Propheties de l'Estat, » en vers. (*S. l., n. d.,*) in-8°. — Fol. 289-304. « Article de l'Eglise apporté au tiers Estat par Monsieur l'evesque de Mascon, le matin v. jour de janvier 1604. » (*S. l., n. d.,*) in-8°. — Fol. 324-327. « Lettre au president Jeannin par Monsieur de Bouillon, » de Sedan, 19 juin 1615. (*S. l., n. d.,*) in-8°. — Fol. 361-364. « Lettre de Monseigneur le Prince escritte à messieurs de l'assemblée de Grenoble par le sieur de Cagny. (*S. l.,*) 1615, » in-8°. — Fol. 375-377. « Lettre du Roy, envoyée à Monsieur le Premier President sur l'accomplissement et *consommation des mariages*; ensemble les feux de joye faits en suitte d'iceux en la ville de Bordeaux. Paris, Sylvestre Moreau, 1615, » in-8°. — Fol. 379-382. « Lettre envoyée par Monsieur le Mareschal de Bois-Dauphin à Monsieur de Liancourt, gouverneur de Paris, sur la deffaite de l'advangarde de Monsieur le Prince par Monsieur de Praslin. Paris, Sylvestre Moreau, 1615, » in-8°. Fol. 386-391. « Discours de ce qui est arrivé entre l'armée de Monsieur le mareschal de Bois-Dauphin et celle de Messieurs les Princes passans la rivière de Loire; ensemble la retraicte de M. le prince de Tingry d'avec M. le prince de Condé. Paris, Sylvestre Moreau, 1615, » in-8°. — Fol. 392-395. « Lettre du roy d'Angleterre envoyée à Monsieur le duc de Mayenne [Londres. 4 nov. 1615]. Paris, Jean Bourriquant, 1615, » in-8°. — Fol. 413-424. « Discours de ce qui s'est passé en la province de Champagne soubs la conduite et commandement de Monsieur d'Andelot... Troyes, Pierre Chevillot, 1616, » in-8°. — Fol. 428-435. « La rencontre de feu Monsieur le duc de Maienne au duc son fils, sur son voyage de Poitou avec Monsieur le Prince. Bordeaux, 1616, » in-8°. — Fol. 439-482. « L'ombre de Henri le Grand au Roy. (*S. l.,*) 1615, » in-8°. — Fol. 484-487. « Les desseins de Monsieur le Prince envoyez au Roy et ce qui s'est passé entre les deux armées... Paris, Jos. Guerreau, 1615, » in-8°. — Fol. 489-496. « Les mémoires de ce qui s'est passé à Creil, près Clermont en Beauvoisis, pendant le séjour de Monsieur le Prince. Paris, Ant. Du Brueil, 1615, » in-8°. — Fol. 498-501. « Memoires particulieres de ce temps, envoyée (*sic*) de Bordeaux. Paris, Melchior Mondière, 1615, » in-8°. — Fol. 503-506. « Traicté de ce qui s'est passé au Conseil d'Estat contre le marquis de La Force. Paris, Pierre Des-Hayes, 1615, » in-8°. — Fol. 508-515. » Les alarmes de la ville de Mondidier contre le gros de l'armée de Messieurs les Princes... Paris, Jean Brunet, 1615, » in-8°. — Fol. 517-526. « La Rencontre de Henry le Grand au Roy touchant le voyage d'Espagne. (*S. l.,*) 1615, » in-8°. — Fol. 528-531. « Procez verbal de ce qui s'est passé à Bordeaux en la presence du Roy et qui a donné subject à la Cour de donner arrests et decret contre les complices de l'assassinat du concierge et rupture des prisons de la Conciergerie. (*S. l.,*) 1615, » in-8°. — Fol. 533-540. « Advis salutaire donné au sieur illustrissime cardinal de Sourdis pour sagement vivre à l'advenir. (*S. l.,*) 1615, » in-8°. — Fol. 542-549. « Tyrtæus aux François, » pamphlet en faveur du prince de Condé. (*S. l., n. d.,*) in-8°. — Fol. 551-554. « Response de la communauté de Gentilli et bourgades voisines à la sommation contenue au manifeste de Monseigneur le Prince, » signée : « Pisos. » (*S. l., n. d.,*) in-8°. — Fol. 556-563. « L'Hermaphrodite de ce temps, » pamphlet contre les Princes. (*S. l., n. d.,*) in-8°. — Fol. 566-573. « Les articles des cayers generaux de France presentés par maistre Guillaume aux Estats, » en vers. (*S. l., n. d.,*) in-8°. — Fol 575-588. « Le bon François contre les libelles. (*S. l.,*) 1615, » in-8°. — Fol. 589-600. « Advertissement à la France touchant les libelles qu'on seme contre le gouvernement de l'Estat, dedié à Monsieur le president Jeannin par le sieur D. C. (*S. l.,*) 1615, » in-8°. — Fol. 601-604. « La noblesse françoise au Chancellier. » (*S. l., n. d.,*) in-8°. — Fol. 606-614. « Les regrets de Cendrin. (*S. l.,*) 1615 », in-8°. — Fol. 616-622. « Extraict de l'inventaire qui c'est trouvé dans les coffres de Monsieur le chevallier de Guise par Madamoiselle d'Antraige et mis en lumiere par Monsieur de Bassompierre... (*S. l.,*) 1615, » in-8°. — Fol. 624-629. « L'ombre du feu duc de Mayenne au duc son fils. A Bordeaux, le 26 décembre 1615, » in-8°. — Fol. 631-634. « Extraict des registres de la Cour touchant ce qui s'est passé en l'affaire de Monsieur d'Espernon. (*S. l.,*) 1615, » in-8°. — Fol. 635-637. « Extraict des registres du Conseil d'Estat sur le differend d'un article proposé en la Chambre du Tiers Estat. (*S. l.*) 1615, » in-8°. — Fol. 639-642. « La protestation du mareschal de Boüillon, faicte en presence de Monseigneur le prince de Condé et de tous les chefs de son armée. Paris, jouxte la copie impr. à Paris, 1615, » in-8°. — Fol. 643-645. « Le veritable de ce qui s'est passé en la presence du Roy, le 8 janvier 1615, la loy proposée aux Estats, touchant la sacrée personne des roys... » (*S. l., n. d.,*) in-8°. — Fol. 646-649. « Le premier article du cahier general des deputez du Tiers-Estat de France, assemblez à Paris, aux Augustins, en l'année 1615. » (*S. l., n. d.,*) in-8°. Fol. 650-657. « La sanglante chemise de Henry le Grand. (*S. l.,*) 1615, » in-8°. — Fol. 685-704. « Declaration et justification des actions de Monsieur le Prince. Sedan, Jean Janon, 1615, » in-8°. — Fol. 718-741. « Sejanus François au Roy, » contre le chancelier de Sillery. (*S. l., n. d.,*) [1615], in-8°.

469-470. Louis XIII (1616). — 502 feuillets.

Fol. 3-6. « La deffaicte des carabins et autres troupes de Monsieur le prince de Condé, faicte le jeudy 7 janvier par Monseigneur le duc de Guise. Paris, Ant. Du Brueil, 1616, » in-8°. — Fol. 9-12. « Temps de trefve accordé par le Roy à Monseigneur le Prince pour traicter la paix ; accordé le 9 de janvier 1616. Paris, Denys Langlois, 1616, » in-8°. — Fol. 13-16. « Ordonnance du Roy portant suspension des armes » [23 janv.

1616]. Paris, F. Morel et P. Mettayer, 1616, » n-8°. — Fol. 18-21. « Les articles presentez au Roy par Monseigneur le prince de Condé pour la paix... Paris, Jean Millot, 1616, » in-8°. — Fol. 23-26. « Declaration du seigneur de Candale, faite en l'eglise reformée d'Alés, le 10 janvier 1616. Suivant la copie impr. à La Rochelle, » (s. d.,) in-8°. — Fol. 28-35. « Responces de Messieurs les deputez de Grenoble addressées à Monsieur le Mareschal d'Esdigueres et autres de ladite Assemblées (sic). (S. l.,) 1616, » in-8°. — Fol. 45-48. « Arrest de la cour de Parlement contre les capitaines, soldats et autres gens de guerre, qui commettent extortions, voyes de faict et violences, leurs faisant deffences d'approcher plus prés de la ville de Paris que de six lieues. Paris, F. Morel et P. Mettayer, 1616, » in-8°. — Fol. 50-55. « Ordonnance et lettre du Roy envoyez au Parlement de Normandie, touchant la surceance des armes et actes militaires par tout son royaulme... Rouen, Martin le Megissier, 1616, » in-8°. — Fol. 57-60. « Lettre de Monseigneur le Prince, envoyée à Monsieur le duc de Rohan. (S. l.,) 1616, » in-8°. — Fol. 64-67. « L'estrange et veritable accident arrivé en la ville de Tours, où la Royne courroit grand danger de la vie, sans le marquis de Roüillac et monsieur de Vignolles, le vendredy 29e janvier 1616. Paris, Guil. Marette, 1616, » in-8°. — Fol. 73-75. « Lettre de monsieur de Vendosme adressée au Roy. (S. l.,) 1616, » in-8°. — Fol. 81-84. « Lettre du mareschal d'Ancre à la Majesté tres-chrestienne de la Royne Mere [en franç. et italien] (S. l.,) 1616, » in-8°. — Fol. 91-94. « Ordonnance du Roy pour la pacification des troubles de son royaume,... le 16e jour de may 1616. Paris, F. Morel et P. Mettayer, 1616, » in-8°. — Fol. 96-99. « Ordonnance du Roy sur la retraite des gens de guerre, tant françois qu'estrangers, qui ont suivy Monseigneur le prince de Condé.... le 6 may 1616. Paris, F. Morel et P. Mettayer, 1616, » in-8°. — Fol. 103-120. « Edict du Roy pour la pacification des troubles de son royaume, [mai 1616]. (S. l.,) 1616, » in-8°. — Fol. 121-124. « Articles particuliers accordez au nom du Roy par ses deputez, envoyez en la conferance de Loudun, à monseigneur le prince de Condé .. » (S. l., n. d.,) in-8°. — Fol. 127-150. « Edict du Roy pour la pacification des troubles de son royaume, vérifié en Parlement le 13 juin 1616. Paris, F. Morel et P. Mettayer, 1616, » in-8°. — Fol. 154-171. « Resultat de l'assemblée synodale des Eglises reformées de France à S. Maixent, ce mois de juillet 1616. [signé : « Ismael des Barrieres, huguenot polytique. »] A la Rochelle, » (s. d.,) in-8°. — Fol. 175-178. « L'audience donnée à l'ambassadeur extraordinaire du Roy de la Grand' Bretaigne, ensemble l'ordre tenu aux pompes et magnificences faictes... à sa conduicte au Louvre, devant leurs Majestées trez chrestiennes, le dimanche 7 d'aoust 1616. Paris, Ant. Du Brueil, 1616, » in-8°. — Fol. 186-192. « Declaration du Roy sur l'arrest de la personne de Monsr le prince de Condé et sur l'eslongnement de sa cour des autres princes... Paris, F. Morel et P. Met-

tayer, 1616, » in-8°. — Fol. 193-196. « L'ordre tenu en la declaration du
Roy sur la detention de la personne de Monsieur le Prince. Paris,
Abraham Saugrain, 1616, » in-8°. — Fol. 197-203. « Declaration du Roy
sur l'arrest faict de la personne de Monsieur le prince de Condé et sur
l'esloignement de sa cour des autres princes... Paris, F. Morel et P. Mettayer, 1616, » in-8°. — Fol. 206-209. « Arrest de la cour de Parlement de
Paris et sentence de Monsieur le Lieutenant civil pour la poursuite du
pillage arrivé à Paris en la maison du mareschal d'Ancre et de Raphael
Corbinelli, les... 1er et 2 septembre dernier. (S. l.,) 1616, » in-8°. — Fol. 213-
216. « Lettres patentes du Roy sur sa déclaration du 6e septembre
1616... Paris, F. Morel et P. Mettayer, 1616, » in-8°. — Fol. 226-229.
« Declaration du Roy sur ce qui s'est passé en sa ville de Peronne,
publiée en Parlement le 25 octobre 1616. Paris, Fed. Morel et P. Mettayer, 1616, » in-8°. — Fol. 297-300. « Les vrayes articles presentées au
Roy par Messieurs de l'assemblée generalle de Loudun sur la conference
de ce temps. (S. l.,) 1616, » in-8°. — Fol. 302-309. « L'heureux succez de
la conference de Loudun tenue entre le Roy et nos seigneurs les Princes... Paris, Jean Bourriquant, 1616, » in-8°. — Fol. 329-338. « Tres-
humble remonstrance au tres-chrestien roy de France et de Navarre
Louis XIII, pour l'union des Princes... (S. l.,) 1616, » in-8°. — Fol. 352-
355. « Jay veu catuveu. [en vers] (S. l.,) 1616, » in-8°. — Fol. 357-364.
« Pasquin ou coq-à-l'asne de cour. (S. l.,) 1616, » in-8°. — Fol. 366-373·
« Pasquil ou Coq à l'asne de M. Guillaume pour balleier les ordures de
ce temps. Paris, jouxte la copie impr. à Rouen, chez Abr. Cousu-
rier, 1616, » in-8°. — Fol. 375-379. « La confession et repentance d'Espernon des maux qu'il a faict contre les Catholiques, envoyé par
Zvinglius Antonius, gentilhomme Lyonnois, à Monsieur son cousin
de Linon... A Esparnay, cher Tarabin Tarabat de Francfort, » (s. d.,)
in-8°. — Fol. 380-382. « La retraicte de Monsieur le duc d'Espernon, ensemble le contentement à Sa Majesté. » (S. l., n. d.,) in-8°. —
Fol. 383-390 et 402-409. « Veritable discours de Monseigneur le duc
Despernon des raisons qui l'on emeu à prendre les armes pour faire
recognoistre l'authorité du Roy en son gouvernement de Xaintonge et
Aulnix. Paris, Isaac Mesnier, 1616, » in-8°. — Fol. 392-395. « Remonstrance envolée à Monsieur le duc d'Espernon sur la publication de la
paix, faicte à Paris, le vendredy 6e de ce mois. Paris, Ant. Du Brueil,
1616, » in-8°. — Fol. 397-400. « La protestation faicte par M. d'Espernon
envers son demon. (S. l.,) 1616, » in-8°. — Fol. 411-422. « Declaration des
maires, eschevins, pairs et bourgeois de la ville de la Rochelle, avec la
conference faicte entre M. le duc d'Espernon et M. de Genouillé... et
une responce à un certain livret imprimé à Saintes. (S. l.,) 1616, » in-8°.
— Fol. 423-426. « La protestation des Rochellois, donnée à Monsieur le
duc de Suilly, pour estre présentée à Sa Majesté. Paris, Ant. Du Brueil,

1616, » in-8°. — Fol. 428-433. « Manifeste de tout ce qui s'est passé en la ville et chasteau de Sancerre. (S. l.,) 1616, » in-8°. — Fol. 437-444. « Extraict du manuscrit trouvé après la mort de Monsieur le duc Daumalle, en son cabinet... (S. l.,) 1616, » in-8°. — Fol. 446-461. « La Trompette françoise, ou reveille-matin aux Parisiens pour venger l'assassinat commis par commandement du marquis d'Ancre, le 19 de juin. (S. l.,) 1616, » in-8°. — Fol. 463-464. « Concini tumulus. » (S. l., n. d.,) in-8°. (3 pièces de vers latins signées : « Domenico Guilielmi, — Hirolamo Preti, — cavaglero Bianchi. ») — Fol. 465-469. « L'Evanouissement de Conchine, faict en vers latins et françois par J. de Bonnefons... Paris, Jean Libert, 1616, » in-8°. — Fol. 470-473. « Récit véritable de la defaicte des trouppes de Monsieur le Prince, par Monsieur le duc de Guise, ensemble le départ du Roy pour venir à Tours, par M. C. d'Acreigne, Tullois... Paris, jouxte la coppie impr. par Seb. L'Escuyer, 1616, » in-8°. — Fol. 485-488. « Le retour de Monsieur le duc de Nevers d'auprès Monsieur le Prince, le 9e de ce mois, portant assurance de la paix... Jean Bourriquant, 1616, » in-8°. — Fol. 490-493. « Relation véritable de tout ce qui s'est passé en la vengeance et poursuite des rebelles assassins du sieur de Boisse Pardaillan. Jouxte la copie impr. à Bourdeaux, par Simon Milanges, » (s. d.,) in-8°.

471-472. Louis XIII (1617-1620). — 536 feuillets.

Fol. 25-31. « Declaration du Roy contre les ducs de Vendosme, de Mayenne, mareschal de Buillon, marquis de Cœuvre, le president Le Jay et tous ceux qui les assistent... Paris, Fed. Morel et P. Mettayer, 1617, » in-8°. — Fol. 45-48. « Prise et reduction des ville et chasteau de Retheil par Monseigneur le duc de Guise, le dimanche 16 avril 1617. Paris, Vve Jean Regnoul, 1617, » in-8°. — Fol. 49-52. « Declaration du Roy pour la reünion à son domaine et confiscation des biens des ducs de Nevers, de Vendosme, de Mayenne, mareschal de Buillion, marquis de Cœuvre et president Le Jay... Paris, Fed. Morel et P. Mettayer, 1617, » in-8°. — Fol. 53-56. « Discours sur le suject du siége mis devant la ville de Rhetel par Monsieur le duc de Guise... Paris, Ant. Du Brueil, 1617, » in-8°. — Fol. 58-61. « Lettres du Roy au parlement de Dijon [au sujet de l'arrestation et de la mort du maréchal d'Ancre, 24 avril 1617]. [Dijon,] Impr. par C. Guyot, 1617, » in-8°. — Fol. 71-74. « La Reunion du Roy au retour de ses lieutenans de guerre, faicte au regard du mariage de Monsieur le duc de Longueville et de Madamoiselle de Soyssons, la veille de may 1617, suivant le recueil faict par P. B. S. D. V., historiographe de Sa Majesté. Paris, Jos. Guerreau, 1617, » in-8°. — Fol. 102-103. « Arrest de la cour de Parlement, du 8 juillet 1617, donné contre le deffunct marquis d'Ancre et sa femme. Paris, Vve J. Guillemot, 1649, » in-4°. —

Fol. 105-108. « Sentence du prevost de Paris » ordonnant la suppression
de l' « épitre liminaire » des *Deffences de la confession des Eglises reformées
de France contre les accusations du sieur Arnould Jesuiste*..., imprimées en
1617. (*S. l. n. d.*,) in-8°. — Fol. 130-137. « Histoire veritable du martyre de
trois prestres du college de Douay, lesquels ont esté condamnez et mis
à mort en Angleterre pour avoir esté recognus prestres. Paris, jouxte
la copie impr. à Douay, chez Pierre Auroy, 1617, » in-8°. — Fol. 139-146.
« L'Anchre de la paix sur le retour de Messieurs les Princes ducs de
Vendosme, de Mayenne et de Nevers... Lyon, Jean Brunet, 1617, » in-8°.
— Fol. 160-163. « L'evanouissement de Conchine, faict en vers latins et
françois par J. de Bonnefons, lieutenant general au baillage de Bar-sur-
Seine. Paris, Jean Libert, 1617, » in-8°. — Fol. 170-177. « L'Assemblée
des notables de France faicte par le Roy en sa ville de Rouen, avec les
noms desdits esleus et notables. Paris, Abr. Saugrain, 1617, » in-8°. —
Fol. 178-193. « Advis à Messieurs de l'Assemblée [des notables à Rouen].
(*S. l.*,) 1617, » in-8°. — Fol. 213-220. « Memoires des seigneurs Grisons,
sur ce qui est arrivé en leur ville de Pivry. Paris, Abr. Saugrain, jouxte
la copie impr. à Milan, 1618, » in-8°. — Fol. 221-260. « Discours sur l'estat
present des affaires des Grisons,... traduit d'alleman en françois par
S. W. (*S. l.*,) 1618 » [corr. 1619], in-8°. — Fol. 261-264. « Brief recit de ce
qui est advenu au pays des Grisons depuis un mois en ça. (*S. l.*,) 1622, »
in-8°. — Fol. 272-283. « Le manifeste de la Royne mere. Bloys, 1618, »
in-8°. — Fol. 297-300. « Lettres de la Royne mère à Monsieur le prince
de Piedmont et à Madame la princesse, ensemble la responce dudit
sieur prince de Piedmont. Loches, 1619, » in-8°. — Fol. 303-306. « Lettre
de la Royne mère envoyée à Monsieur le duc de Mayenne, le 6
de mars 1619, avec la response dudit sieur... Paris, 1619, » in-8°.
— Fol. 314-317. « Lettre du Roy à Monseigneur le Prince. Paris, 1619, »
in-8°. — Fol. 321-324 et 328-331. « Lettre envoyée au Roy par Monsieur le conte de Schomberg sur la prise d'Uzarche. Paris, Fed.
Morel, 1619, » in-8°. — Fol. 343-347. « Extraict des raisons et plaintes
que la Royne mere du Roy fait au Roy son fils. (*S. l.*,) 1619, » in-8°. —
Fol. 353-356. « Recit véritable de ce qui s'est passé dans la ville de
Mets... Paris, Pierre Cligny, 1619, » in-8°. — Fol. 359-366. « L'heureuse
alliance contractée entre le serenissime et vaillant prince Victor Amédée
de Savoye, prince de Piedmont, et... madame Chrestienne de France.
Paris, Nicolas Alexandre, 1618, » in-8°. — Fol. 370-373 et 376-378. « Lettre de
la Royne mere et la response du Roy. Paris, Pierre Froment, 1619, » in-8°.
— Fol. 397-404. « Lettre d'un gentilhomme françois, estant en l'armée du
roy de Boheme, escrite à un sien amy et voisin de Poictou sur le sujet
du voiage de l'ambassadeur de l'empereur Ferdinand envoié en France; »
signé : François de Saincte Foy. De Prague, ce 20 janvier 1620. » (*S. l.,
n. d.*,) in-8°. — Fol. 413-416. « Coppie de la lettre escrite au Roy par

monsieur le duc de Mayenne. (S. l.,) 1620, » in-8º. — Fol. 422-427. « Lettre de Monsieur le nonce du Pape à la Reyne mere du Roy, traduite d'italien en françois. Paris, Ant. Estiene, 1620, » in-8º. — Fol. 442-447. « Declaration du Roy, du vingt-huictiesme juillet 1620, publiée en parlement à Dijon... et imprimée par Claude Guyot, » 1620, in-8º. — Fol. 449-510. « Ludov[ici] XIII., foelicis, justi, clement[is], victoris, triumphat[oris] quadrimestre itinerarium ab oceano Neustrico ad montes Pyrenæos a 7 quintilis ad 7 novembris 1620,... Rodolphus Botereius... publicavit. Parisiis, P. Chevalier, 1621, » in-8º. — Fol. 517-524. « Traicté de la paix par l'amyable accord du Roy avec la Royne sa... mere, fait entre leurs majestez, en la ville d'Angers, le 10e aoust 1620. Lyon, Claude Armand, dit Alphonce, 1620, » in-8º.

473-474. Louis XIII (1620-1621). — 438 feuillets.

Fol. 15-21. « Lettre d'un gentilhomme à un sien amy contenant les exploicts faicts és costes d'Espagne et Barbarie par M. le comte de Joigny,... général des galères de France, signée « D. G. De Marseille, ce 27 aoust 1620. » (S. l., n. d.,) in-8º. — Fol. 23-28. « Congé général de l'armée du Roy, avec les deffences faictes aux soldats d'icelle en la ville de Poictiers, le jeudy 10e septembre 1620, ensemble le partement des deux roines d'icelle ville, le samedy 12 dudict mois, pour s'en retourner en la ville de Paris. Lyon, François Yvrard, 1620, » in-8º. — Fol. 30-33. « Lettre de monsieur le duc de Suilly à monsieur le marquis de Rosny, son fils, sur sa revolte. (S. l.,) 1620, in-8º. — Fol. 36-43. « Assemblée générale de messieurs les Princes en la ville de Poictiers... Lyon, Fr. Yvrard, 1620, » in-8º. — Fol. 59-66. « Les miracles arrivez à la presence de la Royne mere du Roy en la chappelle de Nostre-Dame-des-Ardilliers, avec le procès-verbal de monsieur le seneschal de Saumur... Saumur, René Hernault, 1620, » in-8º. — Fol. 68-74. « L'entrée du marquis Spinola au Palatinat... et la reduction de l'Autriche au service de l'Empereur. Paris, Ch. Chappelain, 1620, » in-8º. — Fol. 76-79. « Recit veritable de la prise du Pont de Sé et de son chasteau par l'armée du Roy,... avec la reduction de la ville de Chasteau-Gontier, surprise de Lengey et autres particularitez. Paris, Fleury Bourriquant, 1620, » in-8º. — Fol. 80-87. « Declaration du Roy de l'innocence de sa très-honorée dame et mere et de sa volonté touchant son très-cher et très-amé cousin le comte de Soissons.... Paris, Fed. Morel et P. Mettayer, 1620, » in-8º. — Fol. 89-96. « Advis au Roy sur le retablissement de l'office de connestable, par un bon François... (S. L.) 1620, » in-8º. — Fol. 108-111. — « Coppie des lettres de commission de la Royne mere pour ses gens de guerre, » 1er juillet 1620. (S. l., n. d.,) in-8º. — Fol. 123-130. « Les plaintes du Grand Turc au Roy, ensemble sa justification touchant ce qui s'est passé entre les François et les Anglois, traduit de langue turque en françois par Baltazar de Sallaire, provençal, truchement de l'ambassadeur du Grand Turc. Lyon, Fr. Yvrard, 1620, » in-8°. — Fol. 132-135. « Lettres de messieurs le duc de Savoye et prince de Piedmont, adressées au Roy et à la Royne mere, sur les affaires du temps present. Lyon, Fr. Yvrard 1620, » in-8°. — Fol. 136-139. « Coppie de la lettre de monsieur le prince de Piedmont, escritte à la Royne mere, touchant les affaires presentes. (S. l.,) 1620, » in-8°. — Fol. 141-148. « La victoire des Catholiques contre ceux de la Religion pretendue reformée és Grisons, ensemble la deffaicte et desroute de l'armée de messieurs de Bernes. Lyon, Fr. Yvrard, 1620, » in-8°. — Fol. 150-157. « Declaration publique, presentée à la Royne, mere du Roy, sur le retour de Sa Majesté en la ville de Paris, par le sieur baron de Clair-bourg. Lyon, Claude Armand, dict Alphonse, 1620, » in-8°. — Fol. 159-166. « Le jugement de Minos contre les trois Geryons qui pillent la France. (S. l.,) 1620, » in-8°. — Fol. 168-183. « Prosopopée de l'assemblée de Loudun aux pieds du Roy. (S. l.,) 1620, » in-8°. — Fol. 184-199. « Le revers du faux masque de la Prosopopée des freres Frelots assemblez à Loudun. Lyon, jouxte la copie impr. à Paris, 1620, » in-8°. — Fol. 282-289. « Reglement general fait en l'assemblée de La Rochelle, le dixiesme may 1621, tant pour la subvention de la guerre que pour l'ordre des armées et chefs d'icelles. » (S. l., n. d.,) in-8°. — Fol. 290-297. « Discours sur ce que ceux de la Religion reformée ne sont cause de la guerre, combien qu'elle leur soit plus utile en ce temps que la paix feinte et simulée dont on veut les abuser. S. Jean d'Angely, Nicolas Crespin, 1621, » in-8°. — Fol. 323-329. « Lettre de monsieur le duc de Sully à monsieur le duc de Rohan sur sa résolution et celle des habitans de Montauban. Paris, Nic. Alexandre, 1621, » in-8°. — Fol. 331-337. « Le bruslement des moulins des Rochelois, la defaite de monsieur de La Noüe et la blesseure de Montpoüillant, arrivez les 29 et 30 aoust... ès pays de Xainctonge et Aulnix, ensemble la conversion du ministre de Toüars et de son fils. Paris, Ant. Vitray, 1621, » in-8°. — Fol. 353-360. « La sortie des gens de guerre qui estoient dans la ville de S. Jean d'Angely, sans tambour,... par le sieur de Roussellay, à monseigneur le duc de Mont-bason. Paris, Ant. Vitré, 1621, » in-8°. — Fol. 362-369. « Trahison faicte par les citoyens Navarreins, ayant deliberé entre eux de tuer toute la garnison françoise... Lyon, Cl. Armand, dit Alphonce, 1621, » in-8°. — Fol. 373-376. « Lettre de monsieur le duc d'Esdiguières, escritte à nostre sainct pere le Pape sur son advenement au souverain pontificat. Lyon, jouxte la coppie impr. à Paris, chez Ant. Vitray, 1621, » in-8°. — Fol. 378-384. « Le voyage du Roy à Calais; l'ambassade de monsieur le mareschal de Cadenet en Angleterre et la reception magnifique... du roy de la Grand' Bretaigne. Lyon, Cl. Armand, dit Alphonce, 1621, » in-8°. — Fol. 386-393. Les larmes de la France sur le trespas de... Henry de Lorraine, duc de

Lorraine. Lyon, Cl. Armand, dict Alphonse, 1621, » in-8°. — Fol. 401-408.
« Les actes de l'assemblée nouvellement tenue à Nismes par les deputez des églises reformées du Languedoc, Dauphiné... contre monsieur
de Chastillon. (S. l.,) 1622, » in-8°. — Fol. 409-416. « Manifeste de monsieur de Chastillon contre les articles et procedé faict contre luy en
l'assemblée tenüe à Nismes. (S. l.,) 1622, » in-8°. — Fol. 435-438. « Harangue des deputez de la Religion, avec celle qui s'est faicte par ceux
de Montpellier au Roy. (S. l.,) 1622, » in-8°.

475-476. Louis XIII (1622-1625). — 328 feuillets.

Fol. 19-22. « La prise de toutes les advenues de la ville de La Rochelle,
du costé de la terre, par monseigneur le comte de Soissons, ensemble
l'arrivée de l'armée navalle au port de Meschè, près la ville de Royan.
Paris, Fleury Bourriquant, 1622, » in-8°. — Fol. 35-38. « La reduction de
la ville et chasteau de Royan à l'obeyssance du Roy, avec celle du
chasteau de Taillebourg,... extraict des lettres de Xainctes, du dernier
avril. Paris, Pierre Ramier, 1622, » in-8°. — Fol. 41-47. « La prise par
force de la ville de Mont-ravel sur les rebelles du Roy,... par monseigneur le duc d'Elboeuf... Paris, Abr. Saugrain, 1622, » in-8°. — Fol. 49-
55. « La deffaitte de plusieurs rebelles sortis en armes hors de la ville
de La Rochelle par la compagnie de chevaux legers de monsieur le duc
de Nemours, conduitte par monsieur de Corbouzon, son lieutenant.
Paris, Pierre Ramier, 1622, » in-8°. — Fol. 57-64. « Proces verbal contre
la pernitieuse entreprise et conspiration des perturbateurs de l'Estat.
Paris, Jean de La Tourette, 1626, » in-8°. — Fol. 65-68. « La prise et reduction de la ville de Clerac à l'obeyssance du Roy,... ensemble la
mort de monsieur de Montpoüillan, fils du marquis de La Force. Paris,
Jos. Guerreau, 1622, » in-8°. — Fol. 89-103. « Les plaisantes et facecieuses
promenades des exilez. Paris, Vve Ducarroy, 1623, » in-8°. — Fol. 104-115.
« Liste des malcontens de la Cour, avec le sujet de leurs plaintes. (S. l.,)
1623, » in-8°. — Fol. 142. Provisions de commissaire ordinaire de l'artillerie données à Philippe Desfossés des Fourneaux par Maximilien de
Béthune, capitaine général de l'artillerie de France (10 avril 1624) ; orig.
sur parchemin, signé, avec sceau. — Fol. 296-301. « Lettre du sieur de
La Bourgondière au baron de Mondonville touchant les particularitez
de ce qui s'est passé depuis la desfaitte du sieur de Soubize, escrite du
Fort-Louys, près La Rochelle, le 20 septembre 1625. » (S. l., n. d.,)
in-8°.

477-478. Louis XIII (1625-1628). — 432 feuillets.

Fol. 42-48. « Recit véritable de tout ce qui s'est passé à Tolose et aux
environs de Castres et Montauban, depuis le 10 du present mois de

juin; la rencontre furieuse de monsieur de Malause et de monsieur de Rohan... Paris, Adrian Bacot, 1625, » in-8°. — Fol. 148-155. « Declaration du Roy pour le razement et demolition de toutes sortes de fortifications des villes et chasteaux qui ne sont frontieres et importantes au royaume. Paris, C. Morel, P. Mettayer et A. Estiene, 1626, » in-8°. — Fol. 186-195. « La Cabale espagnole entièrement descouverte, à l'advancement de la France et contentement des bons François. (S. l.,) 1625, » in-8°. — Fol. 197-208. « Advis salutaire au Roy sur les affaires presentes. (S. l.,) 1625, » in-8°. — Fol. 210-216. « Discours d'estat où il est prouvé que le Roy Louis XIII doit entreprendre la guerre en l'Espagne mesme... » (S. l., n. d.,) in-8°. — Fol. 218-225. « La Ligue nécessaire. (S. l.,) 1625, » in-8°. — Fol. 233-234. « Instruction baillée par le Roy à madame d'Elbeuf, allant de sa part trouver monsieur le duc de Vendosme, » 13 janvier 1627. (S. l., n. d.,) in-4°. — Fol. 236-237. « Lettre du Roy à monsieur le duc de Vendosme l'asseurant du pardon, au cas qu'il n'oublie aucun de ses desseins, contre l'Estat, dans la declaration qu'il entend faire, » 17 janv. 1627. (S. l., n. d.,) in-4°. — Fol. 239-244. « Declaration du Roy pour le restablissement de tous les Ordres de son royaume et soulagement de son peuple,.. 1er mars 1627. Paris, A. Estiene, P. Mettayer et C. Prevost, 1627, » in-8°. — Fol. 271-278. « La desfaitte de l'armée navale du roy d'Espagne par le roy de Dannemarc,... ensemble la liste de l'armée du roy de Dannemarc. Paris, Jean Guillemot, 1627, » in-8°. — Fol. 280-287. « Lettre au Roy de l'importance du canal que le roy d'Espagne fait tirer des rivieres du Rhein et de la Meuse à Gueldres dans la riviere de Ners. (S. l.,) 1627, » in-8°. — Fol. 296-303. « La descente de la flotte d'Espagne, joincte à l'armée navalle du Roy, commandée par monsieur le duc de Guise, ensemble les nouveaux retranchements faits au camp royal, avec le destournement des eaux douces qui allaient dans la Rochelle. Paris, Jean Barbote, 1627, » in-8°. — Fol. 304-307. « Recit de ce qui s'est passé devant La Rochelle depuis la defaicte des Anglois. Jouxte la coppie impr. à Xaintes, 1627, » in-8°. — Fol. 308-315. « La bravade faite par nos Argonotes françois à la teste de Bouquinquant et de ses troupes, avec l'affliction des Rochelois, commandez par les nouveaux forts de Bonne-graine et la Molinette. Paris, Jean Martin, 1627, » in-8°. — Fol. 322-333. « La generale et fidelle relation de tout ce qui s'est passé en l'isle de Ré, envoyée par le Roy à la Royne sa mere... Paris, Toussainct Du Bray, 1627, » in-8°. — Fol. 338-360. « Relation du Pere Placide de Bremond, Benedictin, chevalier de la Croisade, prieur de Torigny et de Guinguand, faite à Sa Majesté... du passage miraculeux de vingt-neuf barques que monsieur le Cardinal envoya à monsieur de Toiras en la citadelle de Saint-Martin de Ré... Paris, J. Brunet et J. Martin, 1627, » in-8°. — Fol. 362-369. La prise des places de Soyon, Beau-Chastel et autres lieux sur la riviere du Rosne, avec le chastiment des rebelles du Vivarets... par monseigneur le prince de Condé. Paris, Cl. Morlot, 1627, » in-8º. — Fol 373-376. « Recit veritable de la mort du capitaine Brison, tué par les rebelles de son party, le 4ᵉ jour de la presente année 1628. Lyon, 1628, » in-8º. — Fol. 378-382. « Recit veritable de ce qui s'est passé à l'entreprise de monsieur de Rohan sur la citadelle de Montpellier, le 29 de janvier 1628... Lyon, jouxte la coppie impr. à Montpellier, » (s. d.,) in-8º. — Fol. 394-401. «Conversion de monsieur de La Trimouille, duc et pair de France, à la religion catholique..., au camp devant La Rochelle, en presence du Roy... Grenoble, Pierre Marniolles, 1628, » in-8º. — Fol. 416-419. « Relation du grand combat naval faict devant La Rochelle, le 3ᵉ octobre 1628, envoyé par le Roy à la Royne, mere de sa Majesté. Langres, Jean Chauvelet, 1628, » in-8º. — Fol. 426-431. « Articles de la grace accordée par le Roy à ses subjets de la ville de La Rochelle... Paris, A. Estiene, P. Mettayer et C. Prevost, 1628, » in-8º.

479-480. Louis XIII (1628-1631). — 475 feuillets.

Fol. 62-68. « La prevoyance de Sa Majesté tres-chrestienne, en la conservation des souverainetez voisines de ses Estats. Paris, P. Mettayer, 1628, » in-8º. — Fol. 70-77 et 108-114. « Traicté et accord passé entre le roy d'Angleterre et les maires et eschevins... de La Rochelle... en l'année 1628. Lyon, Cl. Armand, dit Alphonse, 1628, » in-8º. — Fol. 79-86 et 122-129. « L'heureuse arrivée des vaisseaux de guerre du Havre de Grace au canal de La Rochelle, conduicts par les chevaliers de Malte, ensemble le bastiment et travail des digues faictes à l'entour dudict canal... Paris, Jean Barbote, 1628, » in-8º. — Fol. 100-107. « La complainte et doleance de la France sur les miseres et calamitez du temps, avec la remontrance au Roy sur la rebellion des Rochelois et leurs adherans, P. A. P. N. D... Montpellier, Abr. Chabrey et Laurens Nalliot, 1628, » in-8º. — Fol. 115-121. « Lettre du sieur de Matel au Roy dans laquelle sont representés les moyens de reduire doucement La Rochelle en son obeyssance ou de la prendre à force ouverte dans peu de temps. Lyon, Louis Muguet, 1628, » in-8º. — Fol. 130-133. « Relation du grand combat naval faict devant la Rochelle, le 3ᵉ octobre 1628, envoyée par le Roy à la Royne mere de Sa Majesté. Dijon, Nic. Spirinx, jouxte la copie impr. à Paris, par Ant. Vitray, 1628, » in-8º. — Fol. 134-137. « Lettre du Roy à Monseigneur de Frere, premier president au parlement de Dauphiné, du 20 may 1628; ensemble la relation de la retraite de l'armée navale des Anglois. Grenoble, Pierre Verdier, 1628, » in-8º. — Fol. 138-143. « Article de la grace accordées (sic) par le Roi à ses subjects de la ville de La Rochelle... Dijon, Nic. Spirinx, » (s. d.,) in-8º. — Fol. 144-155. « Declaration du Roy sur la reduction de la ville de La Rochelle en son obeyssance... Troyes, Jean Jacquard, jouxte la coppie imp. à La Rochelle, par P. Froment, 1628, » in-8°. — Fol. 156-159. « Lettre du Roy à monsieur d'Halincourt sur la grace faicte par Sa Majesté à ses subjects rebelles de la Religion pretendue reformée. Lyon, Claude Larjot, 1629, » in-8°. — Fol. 167-170. « Lettre des magistrats, consuls et habitans de Puy-Laurens au Roy, l'assurans de leur obeïssance et fidelité. Grenoble, Pierre Marniolles, 1629, » in-8°. — Fol. 256-259. « Declaration du Roy, enjoignant à tous gentilshommes et soldats nés dans son Royaume,... qui sont maintenant au service du duc de Savoye, qu'ils ayent à se retirer en leurs maisons, ou en l'une des armées de Sa Majesté... Lyon, Cl. Larjot, 1630, » in-8°. — Fol. 261-268. « Estat de l'armée du Roy en Italie et de ce qui s'y est passé de remarquable depuis le 26 juin jusques au 12 de juillet. Lyon, Louys Muguet, » (*s. d.*,) in-8°. — Fol. 270-277. « Relation de ce qui est arrivé au passage de Sa Majesté en Italie ; la derouté de huict mille hommes de pied et douze cens chevaux,... la prise du duc de Veillane et 19 enseignes et trois cornettes gagnées le 10 juillet. Lyon, Cl. Larjot, 1630, » in-8°. — Fol. 295-301. « La reduction de Chambery à l'obeissance du Roy, avec tout ce qui s'est passé du costé de Grenoble, d'Annessy et de Mont-meillan, ensemble les desseins de Son Altesse sur le païs de Dauphiné. Bourg en Bresse, Jean Tainturier, 1630, » in-8°. — Fol. 303-310. « Les prises de Ville Franque, Pancalier et Carignan par monsieur de Mommoranci, avec autres diverses victoires obtenues tant en Piedmont comme à Cazal. Lyon, Jean Armand, dit Alphonse, 1630, » in-8°. — Fol. 312-315. « L'entreprise du prince Thomas sur la ville de Suse descouverte par un soldat de la garnison... Bourg en Bresse, Jean Tainturier, jouxte la copie impr. à Lyon, chez Jean Armand, dit Alphonse, 1630, » in-8°. — Fol. 317-324. « Supplication au Roy par le duc de Savoye, représentant à Sa Majesté la misère où il est à present reduit, tirée du 6. Pseaume de David, par Louis Baron. Verdunois. (*S. l.*,) 1630, » in-8°. — Fol. 334-409. « Responce au libelle intitulé : Très humble, très veritable et très importante remonstrance au Roi. » (*S. l., n. d.*,) in-8°. — Fol. 422-427. « Lettre du Roy envoyée à messieurs les Prevost des marchands et Eschevins de la ville de Paris, le xxiii fevrier 1631, de la ville de Compiegne. Paris, Pierre Rocolet, 1631, » in-8°. — Fol. 434-449. « Relation de ce qui s'est passé pendant le sejour du Roy à Dijon et depuis qu'il en est party jusqu'au 8 avril 1631. (*S. l.*,) 1631, » in-8°. — Fol. 452-459. « Lettre de la Reyne mere au Roy, avec la response de Sa Majesté. Paris, Seb. Cramoisy, 1631, » in-8°.

481-482. Louis XIII (1631-1632). — 342 feuillets.

Fol. 19-24. « Copie d'une requeste envoyée à messieurs du Parlement. (*S. l.*,) 1631, » in-8°. — Fol. 78-109. « Advertissement aux provinces sur les nouveaux mouvemens du Royaume, par le sieur de Cleonville. (*S. l.*,) 1631, in-8°. — Fol. 192-199. « Declaration du Roy contre le duc de

Montmorancy. Paris, P. Mettayer, 1632, » in-8°. — Fol. 204-211. « Memoire donné à monsieur d'Aiguebonne, allant trouver Monsieur de la part du Roy, avec les propositions faictes au Roy par monsieur de Chaudebonne, de la part de Monsieur. Rouen, Cl. Le Villain, 1632, » in-8°. — Fol. 215-220. « Articles de la paix accordée par le Roy à Monsieur le duc d'Orléans, frère unique de Sa Majesté. Paris, Ant. Estiene, 1632, » in-8°. — Fol. 222-224. « Lettre du Roy envoyée à nosseigneurs de la cour de Parlement, contenant l'accommodement de Monsieur en la bonne grace du Roy... Paris, P. Rocolet, 1632, » in-8°. — Fol. 227-234. « Relation, envoyée au Roy par monsieur le mareschal de Schomberg, du combat fait entre les armes qu'il commande et l'armée de Monsieur près de Castelnau-darri, le 1er septembre 1632..... Paris, Bureau d'Adresse, 13 sept. 1632 », in-8°. — Fol. 236-250. « Histoire veritable de tout ce qui s'est faict et passé dans la ville de Thoulouse en la mort de monsieur de Montmorancy. (S. l.) 1633, » in-8°. — Fol. 251-256. « Recit de la mort de monsieur le duc de Montmorency et de ce qui s'est lors passé en la Cour. Paris, Bureau d'Adresse, 8 nov. 1632, » in-8°. — Fol. 261-268. « Lettre envoyée de la Cour à un seigneur de qualité, contenant l'accommodement du duc de Lorraine avec le Roy et ce qui s'est passé jusques à present, et la declaration du roy de Suede en faveur des Eslecteurs et princes catholiques... Rouen, Cl. Le Villain, 1632, » in-8°. — Fol. 270-277. « La desroute generalle des trouppes de monsieur le duc d'Elebeuf... par l'armée du Roy, conduite par monsieur le mareschal de La Force, ensemble la reduction de la ville de Monfrain.. Rouen, Jacques Cailloüé, 1632, » in-8°. — Fol. 303-310. « La banqueroute du sieur Mestrezat, ministre de Charenton, faicte à messire Gabriel Martin, abbé de Clausone en Dauphiné... Paris, Matthieu Colombel, 1632, » in-8°. — Fol. 311-318. « Harangue à Monsieur, frere du Roy, pour l'inviter à la paix. Paris, Fr. Le Bret, 1632, » in-8°. — Fol. 319-326. « La deroutte generalle des trouppes de monsieur le duc d'Elbeuf... par l'armée du Roy, conduite par monsieur le mareschal de La Force, ensemble la reduction de la ville de Monfrain... Paris, Nic. Alexandre, 1632, » in-8°. — Fol. 336-342. « Estrange et desplorable relation des cruautez d'une mere, de l'execution de mort de son fils, et le sujet pourquoy, nouvellement arrivé prés la ville de Bordeaux, le mois de novembre dernier. Paris, jouxte la copie impr. à Fontenay-le-Comte, par Pierre Petit-jan, 1632, » in-8°.

483-484. Louis XIII (1633-1639). — 477 feuillets.

Fol. 4-11. « Histoire journaliere de tout ce qui s'est fait et passé au siege de la ville de Reimbergue,... ensemble la conduite de la garnison dans la ville de Gueldres... Paris, Jean Martin, 1633, » in-8°. — Fol. 14-

20. « Lettre d'un solitaire à monseigneur l'eminentissime cardinal duc de Richelieu. Paris, 1633, » in-8°. — Fol. 36-39. « La furieuse deffaicte de quatre mil Espagnols et Napolitains par les habitans de Cathalongne et de la Biscaye... Rouen, Cl. Le Villain, 1633, » in-8°. — Fol. 44-49. « Lettre escrite de Chaoult, aux Indes, pays du grand Maugor, par le sieur Augustin Irriard, François, à un sien amy ; ensemble les cruautez qui se sont passée entre les Indiens et Tartares. Paris, Jean Brunet, 1634, » in-8°. — Fol. 55-62. « La veritable retraitte de l'armée espagnolle et levée du siege devant la ville de Maestric... Paris, P. Mettayer, 1634, » in-8°. — Fol. 147-162. « Declaration du Roy sur l'ouverture de la guerre contre le roy d'Espagne, verifiée en Parlement le 18 juin 1635. Paris, A. Estiene, 1635, » in-8°. — Fol. 163-170. « Declaration de Son Altesse touchant la guerre contre la couronne de France. Bruxelles, 1635 ; » copie de l'impr. — Fol. 282-285. « Arrest notable de la cour de Parlement de Grenoble, donné au profit d'une damoiselle sur la naissance d'un sien fils, arrivé quatre ans après l'absence de son mary et sans avoir eu cognoissance d'aucun homme... Paris, 1637, » in-8°. — Fol. 286-288. « Arrest de la cour de Parlement sur le pretendu arrest du Parlement de Grenoble, daté du 13ᵉ fevrier 1637. Paris, A. Estiene, 1637, » in-8°. — Fol. 320-323. « Declaration du Roy et pouvoir donné à monseigneur le Prince pour la conduitte et commandement general des armées du Roy, tant en ses provinces de Languedoc et Guyenne que hors le royaume. Fontenay, Barth. Blanchet, sur l'impr. à Bourdeaux, par S. Milanges, 1638, » in-8°.

485-486. Louis XIII (1640-1643). — 416 feuillets.

Fol. 1-61. « Conversation de Mᵉ Guillaume avec la princesse de Conty aux Champs Elisées, envoyée à mademoiselle Selvage, femme de chambre de la Royne mere du Roy, par maistre Philippe, gouverneur de M. Guillaume. » (S. l., n. d.,) in-8°. — Fol. 62-69. « Declaration du Roy, portant injonction aux gentilshommes de la province de Normandie d'empescher dans leurs terres toutes assemblées et soulevemens... Paris, A. Estiene et P. Rocolet, 1640, » in-8°. — Fol. 71-92. « Journal des signalées actions de monsieur de La Mothe-Houdancourt, duc de Cardone et mareschal de France. Paris, Fr. Noel, 1649, » in-4°. — Fol. 215-268. « Catolicon françois, ou plaintes de deux chasteaux, rapportées par Renaudot, maistre du Bureau d'Adresse. » (S. l., n. d.,) in-4°. — Fol. 377-380. « Le recit veritable de ce qui s'est fait et passé à la mort de feu monseigneur l'eminentissime cardinal duc de Richelieu et les dernieres paroles qu'il a proferées, envoyé à Mgr. le marquis de Fontenay-Marueil, ambassadeur du Roy à Rome, » 7 déc. 1642, signé : « F. S. » (S. l., n. d.,) in-4°. — Fol. 412-415. « Lettre du Roy envoyée à

messieurs les prevosts des marchands et eschevins de sa bonne ville de
Paris sur la mort et trespas du roy Louis XIII. Paris, P. Rocolet, 1643, »
in-8°.

487-489. Louis XIV. — Portefeuilles en *déficit*.

490-491. Louis XIV (1643-1649). — 371 feuillets.

Fol. 3-11. « Seance du Roy Louis XIV tenant son lit de justice en son
Parlement, le 18 may 1643. Paris, Seb. Cramoisy, 1643, » in-8° (incomplet).
— Fol. 85-88. « La prise de la ville de Furne en Flandre, » n° 112 de la
Gazette de Renaudot, du 14 sept. 1646. — Fol. 102-107. « Le voyage du duc
de Guyse... jusques à son arrivée à Naples, » n° de la Gazette de Renaudot, du 12 déc. 1647. — Fol. 153-158. « Declaration du Roy, verifiée
en Parlement, Sa Majesté seant en son lit de justice, le dernier juillet
1648. Paris, imprimeurs et libraires du Roy, 1648, » in-4°. — Fol. 161-162.
Lettres de monseigneur le duc d'Orléans et monsieur le Prince à
messieurs du Parlement. Paris, M. Mettayer, [1648], in-4°. — Fol. 195-196.
« Arrest de la cour de Parlement, toutes les chambres assemblées, du
huictieme janvier 1649. Paris, imprimeurs et libraires du Roy, 1649, »
in-4°. — Fol. 197-198 et 213-214. « Arrest de la cour de Parlement,
donné toutes les chambres assemblées, le 8° jour de janvier 1649, par
lequel il est ordonné que le cardinal Mazarin vuidera le royaume...
Paris, imprimeurs et libraires du Roy, 1649, » in-4° — Fol. 199-200.
« Arrest de la cour de Parlement contre les gens de guerre, qui ont
quitté les frontieres, pour empescher les vivres en cette ville,... du
10° jour de janvier 1649. Paris, imprimeurs et libraires du Roy, 1649, »
in-4°. — Fol. 201-202. « Arrest de la cour de Parlement, portant que
tous les biens, meubles et immeubles, et revenus des benefices du
cardinal Mazarin seront saisis,... du 13° jour de janvier 1649. Paris,
imprimeurs et libraires du Roy, 1649, » in-4°. — Fol. 208-211. » Relation
veritable de ce qui s'est fait et passé dans la ville d'Aix en Provence,
depuis l'enlevement du roy Louis XIV. Fait à Paris, le 6° janvier 1649...
apportée par le Sr T... Paris, Jean Henault, 1649, » in-4°. — Fol.
220-222. — Lettre de messieurs du Parlement de Normandie au
Roy, touchant le refus de recevoir monsieur le comte d'Harcourt.
Paris, Arnold Cotinet, 1649, » in-4°. — Fol. 232-235. « Sommaire relation
de ce qui s'est passé à Saint-Germain en la deputation de la Cour des
Aydes pour le retour de leurs Majestez à Paris, avec la harangue
de Mr Amelot, premier president, sur ce sujet... [Paris], Denys
Langlois, 1649, » in-4°. — Fol. 239-242. « Contract de mariage du Parlement avec la ville de Paris. Paris, Vve D. Guillemot, 1649, » in-4°. —
Fol. 245-248. « Relation veritable de la mort barbare et cruelle du roy
d'Angleterre, arrivée à Londres le 8° fevrier 1649. Paris, Robert Feugé,

1449 (sic), » in-4°. — Fol. 257-259. « Relation veritable de ce qui s'est passé au combat qui se rendit mardy au matin 16e fevrier entre Long-jumeau et Huict-Sous à l'escorte du convoy. Paris, Cl. Morlot, 1649, » in-4°. — Fol. 262-265. « Lettre d'un gentil-homme de la ville d'Aix-en-Provence, adressée à un sien amy à Paris, sur ce qui s'est passé depuis la detention du comte d'Alais et du duc de Richelieu. Paris, Jean Henault, 1649, » in-4°. — Fol. 267-268. « Articles de la Cour de Parlement pour l'ouverture de la conference, et passages des vivres et autres choses nécessaires en cette ville de Paris,... du dernier fevrier et 1er mars 1649. Paris, imprimeurs et libraires du Roy, 1649, » in-4°. — Fol. 269-270. « Arrest de la cour de Parlement, donné toutes les Chambres assem-blées, le 8e jour de mars 1649, en faveur du mareschal de Turenne, et pour authoriser l'entrée de son armée en France. Paris, G. Alliot et Ja. Langlois, 1649, » in-4° — Fol. 275-276 et 281-284. « Articles de la paix conclus et arrestez à Ruel, le onzieme mars 1649. » (S. l., n. d.,) in-4°. — Fol. 277-278 et 285-286. « La refutation des articles de paix qui ont esté passez à Ruel... (S. l.,) 1649, » in-4°. — Fol. 289-292. « Le Courier de la Cour, portant les nouvelles de S. Germain, depuis le 15. mars 1649, jusques au 22. Paris, D. Langlois, 1649, » in-4°. — Fol. 293-296. « Suite du Courier de la Cour, portant les nouvelles de S. Germain, depuis le 22 mars 1649, jusques au 29. Paris, D. Langlois, 1649, » in-4°. — Fol. 298-299, 303-304 et 309-310. « La Declaration de monseigneur le prince de Conty et de messieurs les Generaux, enregistrée en Parlement pour l'execution de l'arrest du 8e janvier dernier contre le cardinal Mazarin,... du samedy 20 mars 1649. Paris, Alex. Lesselin, 1669, » in-4°. — Fol. 306-307. « Lettre circulaire et veritable de l'archiduc Leopold, envoyée à tous les gouverneurs, prevosts et eschevins des villes et bourgs de France, situez sur le chemin et la route de son armée. Paris, Cl. Morlot, 1649, » in-4°. — Fol. 312-315 et 317-320. « Lettre de monsieur d'Aure-mesnil, chef de la noblesse de Caux en Normandie, envoyée à mon-seigneur le duc de Longueville sur le sujet de la descente de six mille hommes aux ports de Dieppe, S. Vallery et le Havre, conduits par le sieur de Tibermesnil, gouverneur pour les Estats de Hol-lande. Paris, Vve Ant. Coulon, » [1649], in-4°. — Fol. 321-322. « Arrest de la Cour de Parlement, du 22 mars 1649, sur l'advis que Mon-seigneur le prince de Conty a donné de l'entrée de l'archiduc Leopold en France. Paris, G. Sassier, 1649, » in-4°. — Fol. 323-324. « Arrest de la cour de Parlement sur la proposition faite par monseigneur le prince de Conty pour l'eloignement du cardinal Mazarin, du 27 mars 1649. Paris, imprimeurs et libraires du Roy, 1649, » in-4°. — Fol. 326-331. « Lettre de monsieur le duc d'Espernon escrite à la cour de Parlement de Bourdeaux, du 31 mars 1649, avec la response du Parlement, du 2 avril 1649. Paris, jouxte la copie impr. à Bourdeaux, par C. Millanges,

1649, » in-4°. — Fol. 333-336. « Relation veritable de ce qui s'est passé à la prise de la ville de Harfleur près le Havre par l'armée de Mgr. le duc de Longueville. Paris, Nic. de La Vigne, 1649, » in-4°. — Fol. 339-346. « Declaration du Roy pour faire cesser les mouvemens et restablir le repos et la tranquillité en son royaume, verifiée en Parlement le 1er avril 1649. Paris, imprimeurs et libraires du Roy, 1649, » in-4°. — Fol. 348-349. « Lettre du Roy envoyée à messieurs les prevost des marchands et eschevins de la ville de Paris,... le 29e avril 1649. Paris, P. Rocolet, 1649, » in-4°. — Fol. 355-357. « Articles de la paix accordez entre messieurs du Parlement de Bourdeaux et monsieur le duc d'Espernon. » (S. l., n. d.,) [1649], in-4°. — Fol. 361-364. « Lettre du Roy escrite à monseigneur le duc de Montbazon... sur le suject du siege de la ville de Cambray. Paris, Vve Ribot, 1649, » in-4°. — Fol. 366-371. « Relation de ce qui s'est passé en la ville de Bordeaux les derniers jours du mois de juillet 1649, lors de la signification de l'interdiction du Parlement. Paris, jouxte la copie impr. à Bordeaux, » (s. d.,) in-4°.

492-493. Louis XIV (1649-1662). — 539 feuillets.

Fol. 3-7. « Lettre de monseigneur le duc de Guise à la Reyne regente sur son injuste detention à Naples et sur son affection pour mademoiselle de Pont. Paris, Nic. de La Vigne, 1649, » in-4°. — Fol. 10-13 et 107-110. « Relation veritable de ce qui s'est faict et passé devant Sainct-Denis, par l'armée des bons François, le jour sainct Matthias, comme aussi devant Brie,... par le sieur Rozard. Paris, Vve J. Remy, 1649, » in-4°. Fol. 15-18. « La lettre du roy d'Espagne et celle de l'Empereur, envoyées aux Parisiens, touchant les motifs de la paix generale. Paris, Vve J. Remy, 1649, » in-4°. — Fol. 20-23. « Demandes des princes et seigneurs qui ont pris les armes avec le Parlement et peuple de Paris. (S. l.,) 1649, » in-4°. — Fol. 23-32. « Le Tableau du gouvernement present, ou eloge de son Eminence, satyre de mille vers... Paris, ce 27 mars 1649, » in-4°. — Fol. 36-39. « Chronologie des reynes malheureuses par l'insolence de leurs favoris, dediée à la Reyne regente... Paris, Cl. Morlot, 1649, » in-4°. — Fol. 45-50. « Les horribles cruautés faites dans les provinces de France par les gens de guerre d'Erlach et autres. Paris, 1649, » in-4°. — Fol. 52-55. « Harangue de feu M. le marquis de Clanleu à la garnison de Charenton un peu devant l'attaque... Paris, Ch. Chenault, 1649, » in-4°. — Fol. 57-60. « Lettre de l'archiduc Leopol envoyée à Madamoiselle pour traicter la paix. Paris, J. Dedin, 1649, » in-4°. — Fol. 61-64. « Response de Madamoiselle à l'archiduc Leopold touchant le traitté de l'accommodement de la paix. Paris, J. Dedin, 1649, » in-4°. — Fol. 65-68. « Seconde lettre de l'archiduc Leopold envoyée à Mademoiselle à Saint-Germain-en-Laye. Paris, Vve Musnier, 1649, » in-4°. —

Fol. 70-73. « Recit veritable de ce qui s'est passé à Chaliot à l'entrevue de messieurs les princes de Condé, de Conty, de madame de Longue-ville et autres princes. Paris, 1649, » in-4°. — Fol. 75-80. « Harangue à la Reyne par messieurs les curés des bourgs de Seaux, Paloyseau, Fontenay-aux-Rozes, Sévre, Meudon, Clamar, Carmes deschaus de Charenton et autres des environs de Paris, sur les actes d'hostilité, sacrileges, viols, commis... par les troupes Mazarines. Paris, P. Sevestre, 1649, » in-4°. — Fol. 82-85. « La sanglante dispute arrivée sur le jeu entre le cardinal Mazarin et l'abbé de la La Rivière à Saint-Germain-en-Laye. Paris, M. Mettayer, 1649, » in-4°. — Fol. 91-96. « La robbe sanglante de Jules Mazarin,... par le sieur de Mirand, gentil-homme Cicilien. Paris, Fr. Meusnier, 1649, » in-4°. — Fol. 98-103. « Le TI ΘΕΙΟΝ de la maladie de l'Estat, pièce docte et curieuse. Paris, Vve Theodore Pepingué, 1649, » in-4°. — Fol. 116-119. « Declaration du Roy contre les sieurs de Boüillon, mareschaux de Brezé, de Turenne et de Marsillac,... registrée en Parlement le 7e fevrier 1650. Paris, impri-meurs et libraires du Roy, 1650, » in-4°. — Fol. 121-128. « Declaration du Roy contre madame la duchesse de Longueville, les sieurs duc de Bouïllon, mareschal de Turenne, prince de Marsillac et leurs adherans, verifiée en Parlement le 16e may 1650. Paris, Ant. Estiene, 1650, » in-4°. — Fol. 130-132. « Articles accordez entre messeigneurs les commissaires deputez par Sa Majesté et les sieurs ambassadeurs des Treize loüables cantons des Ligues de Suisse, arrestez le 19e may 1650... Paris, Ant. Estiene, 1650, » in-4°. — Fol. 136-138. « Lettre de cachet du Roy envoyée à Mgr. le mareschal de L'Hospital, gouverneur de Paris, sur le sujet de l'approche des trouppes de l'archiduc Leopold en France et des affaires de Bordeaux. Paris, G. Sassier, 1650, » in-4° (le titre manque). — Fol. 140-143. « Vraye suite de la declaration du Roy accordée pour la pacification des troubles de Bordeaux, du 1. octobre 1650, à Bourg sur la mer... Paris, imprimeurs et libraires du Roy, 1650, » in-4°. — Fol. 145-148. « La defaite de l'armée du duc Charles, commandée par le comte de Ligne-ville,... apportée à monsieur le mareschal de L'Hospital, gouverneur de Paris, le 15 octobre 1650. Paris, G. Sassier, 1650, » in-4°. — Fol. 156-161. « L'Estat veritable des forces de la ville de Mouzon et de la foiblesse et impuissance de l'armée ennemie, lors de sa redition... (S. l.,) 1650, » in-4°. — Fol. 163-166. « La furieuse et sanglante bataille gaignée par l'armée du Roy devant la ville de Rethel sur l'armée des Espagnols commandée par le mareschal de Turenne... » (S. l., n. d.,) in-8°. — Fol. 168. Ordre chiffré (avec le déchiffrement) pour l'arrestation de François de Ven-dôme, Jean-François-Paul de Gondi, Pierre Broussel, et des princes de Condé, de Conti et de Longueville (1650). — Fol. 171-174. « Execution remarquable de trois meschants scelerats, qui ont esté rompus à la Croix du Tiroir, pour avoir tué et assassiné les gentils-hommes de

Mgr. le duc de Beaufort, croyant s'attaquer à sa personne... Paris, David Beauplet, 1650, » in-4°. — Fol. 206-207. « Declaration de monseigneur le Prince, faite en personne... à messieurs de l'Assemblée de la Noblesse... pour la convocation des Estats-generaux au 8. jour du mois de septembre prochain... Paris, Vᵛᵉ J. Guillemot, 1650, » in-4°. — Fol. 213-216. « Arrest de la cour de Parlement de Toulouze, donné contre Le Tellier, Servient, Lyonne et autres pensionnaires du card. Mazarin, sur la lettre de monseigneur le Prince. Paris, Nic. Vivenay, 1651, » in-4°. — Fol. 219-226. « Declaration du Roy, portant defenses au cardinal Mazarin, ses parents, alliez et domestiques... de rentrer dans ce royaume... Paris, imprimeurs et libraires du Roy, 1651, » in-4°. — Fol. 232-235. « Relation du voyage du Roy, depuis son depart de Paris jusques à ce jourd'huy 6ᵉ octobre 1651, arrivé à Aubigny. Paris, 1651, » in-4°. — Fol. 237-241. « Declaration du Roy contre les princes de Condé, Conty et duchesse de Longueville, les ducs de Nemours et de La Rochefoucault et autres leurs adherans... Paris, imprimeurs et libraires du Roy, 1651, » in-4°. — Fol. 243-246. « L'estat des troupes de monsieur le prince de Condé et de tout ce qui s'est passé dans la Guyenne et le Berry depuis son arrivée en la ville de Bordeaux. (S. l.,) 1651, » in-4°. — Fol. 250-253. « La deffaite des trouppes des sieurs de Montosier et de Foleville dans le Perigord par celles de monseigneur le Prince soubs la conduitte du sieur Balthazar. Paris, Nic. Vivenay, 1651, » in-4°. — Fol. 257-260. « Relation veritable de ce qui s'est passé à la prise de la tour de S. Nicolas à La Rochelle, par l'armée du Roy, commandée par Mʳ le comte d'Harcourt. Paris, imprimeurs et libraires du Roy, 1651, » in-4°. — Fol. 267-70. « Relation veritable de la reduction de la ville de Caudecoste et la capitulation faite avec Mgr. le prince de Conty. Jouxte la copie impr. à Bourdeaux, Paris, Salomon de La Fosse, 1652, » in-4°. — Fol. 272-275. « La defaite de l'armée de monsieur de Biron par celle de monseigneur le prince de Conty, commandée par monsieur de Marsin, avec la lettre de Son Altesse de Conty à Madame la Princesse. Jouxte la copie impr. à Bourdeaux, Paris, Salomon de La Fosse, 1652, » in-4°. — Fol. 277-280. « Relation de la defaite de l'armée du marquis de S. Luc, avec la levée du siege de la ville de Montdemarsan. Jouxte la copie impr. à Bourdeaux, Paris, J. Brunet, 1652, » in-4°. — Fol. 282-285. « La lettre latine de la reyne de Suede, envoyée au Parlement de Paris, sur les affaires presentes, translatée de son original en françois. Paris, D. Langlois, 1652, » in-4°. — Fol. 287-290. « Relation derniere et veritable de tout ce qui s'est passé en l'attaque et combat de la ville d'Estampes entre l'armée du Roy et celle de Mʳˢ les Princes, vers S. Lazare et le lieu appellé les Corps Saints, depuis le 29. may jusques au 1. juin 1652. Paris, Jacob Chevalier, 1652, » in-4°. — Fol. 292-307. « Relation veritable de ce qui se passa le mardy 2ᵉ de juillet au combat donné au fauxbourg Saint

Anthoine entre les trouppes du C.M. commandées par les mareschaux de Turennes et de La Ferté et celles de monsieur le duc d'Orléans et de monsieur le Prince. Paris, N. Vivenay, 1652, » in-4°. — Fol. 309-312. Liste generale de tous les morts et blessez, tant Mazarins que bourgeois de Paris, à la genereuse resolution faicte à l'Hostel de Ville pour la destruction entiere des Mazarins... Paris, Cl. Le Roy, 1652, » in-4°. — Fol. 316-319. « Le veritable journal de tout ce qui s'est fait et passé au siege de Montrond, depuis le 15° aoust dernier... Paris, 1652, » in-4°. — Fol. 330-333 et 335-338. « Declaration du Roy portant pacification pour la tranquillité publique,... le 22 octobre 1652. Paris, imprimeurs et libraires Roy, 1652, » in-4°. — Fol. 343-346. « Les veritables particularitez du combat donné entre l'armée des Princes et celle des Mazarins, où les ennemis ont perdu plus de douze cens hommes. Paris, J. Brunet, 1652, » in-4°. — Fol. 350-357. « Relation veritable de ce qui s'est passé dans le combat de messieurs les ducs de Beaufort et de Nemours, avec le sujet de leur querelle. Sur l'impr. à Paris, par Jullien Mallard, et à Orléans, Gabr. Fremont, 1652, » in-4°. — « Le recit du duel deplorable entre messieurs le duc de Beaufort et de Nemours, avec ce qui s'est passé dans le Luxembourg entre monsieur le Prince et le comte de Rieux. Paris, S. Le Porteur, 1652, » in-4°. — Fol. 363-366. « Le decampement et la honteuse fuitte de l'armée du mareschal de Turenne... Paris, Laurent Laureau, 1652, » in-4°. — Fol. 368-371. « La levée du siege de la ville d'Estampes... Paris, Jacques Le Gentil, 1652, » in-4°. — Fol. 373-376. « Relation contenant les particularitez de ce qui s'est passé entre l'armée de Monsieur le prince de Condé et celle du comte d'Harcourt. Paris, Ant. Clément, 1652, » in-4°. — Fol. 378-381. « Relation veritable de ce qui s'est passé à la prise du Pont de Cé par les trouppes de M. le Prince, commandées par M. le duc de Rohan, le 15 du mois present [1652]. » (S. l., n. d.,) in-4°. — Fol. 383-386. « La chasse furieuse donnée à la garnison de Corbeil... par la cavalerie de M' le Prince... Paris, Samuel de Larru, 1652, » in-4°. — Fol. 388-391. « Nouvelles extraordinaires contenant tout ce qui s'est passé à la Cour depuis la défaite des Mazarins... Paris, Salomon de La Fosse, 1652, » in-4°. — Fol. 393-394. « La marche de l'armée de Monseigneur le Prince de Conty, commandée par le marquis de Lusignan, pour le secours de la ville d'Agennois, assiegée par monsieur le comte d'Arcourt... Paris, jouxte la copie impr. à Bourdeaux, par G. de La Court, 1652, » in-4°. — Fol. 396-399. « Relation veritable de ce qui s'est passé à la prise du village de la Pointe, scitué à la cheute de la rivière du Mayne dans La Loire, envoyée à messieurs les prevost des marchands et eschevins de sa bonne ville de Paris. Paris, P. Rocolet, 1652, » in-4°. — Fol. 401-404. « La sanglante deffaite des trouppes Mazarines en Picardie... Paris, Salomon de La Fosse, 1652, » in-4°. — Fol. 406-409. « La defaite des troupes du marquis de Sauvebœuf par celles de Monsieur le Prince sous la conduite du sieur Baltasar. Paris, Nic. Vivenay, 1652, » in-4°. — Fol. 411-414. « L'entrée et la marche de l'armée de monseigneur le duc d'Orléans, commandée par Monsieur le duc de Nemours, avec la deffaite de quatre cent chevaux de troupes du duc d'Elbeuf et la posture du cardinal Mazarin à la Cour. Paris, J. Brunet, 1652, » in-4°. — Fol. 416-423. « Tarif du prix dont on est convenu... pour recompenser ceux qui delivreront la France du Mazarin... Paris, Nic. Vivenay, 1652, » in-4°. — Fol. 464-465. « Ordonnance du Roy en interpretation des ordres donnez par Sa Majesté pour la cessation d'armes, du 29 may 1659. Paris, Ant. Estiene, 1569, » in-4°. — Fol. 471-502. « Traitté de paix entre les couronnes de France et d'Espagne, conclu et signé... en la rivière de Bidassoa, aux confins des Pyrennées, le 7° novembre 1659. Paris, Bureau d'Adresse, 1660, » in-4°. — Fol. 503-510. « Traité de paix entre la France et la Savoye, conclu à Turin, le 29 aoust 1696. Paris, Fred. Leonard, 1697, » in-4°. — Fol. 526-531. « Procès-verbal contenant la declaration que le marquis de' La Fuente, ambassadeur extraordinaire du Roy catholique près du Roy a faite... pour satisfaire Sa Majesté sur ce qui estoit arrivé en la ville de Londres, le 10° octobre... 1661.; du 24 mars 1662. Paris, imprimeurs et libraires du Roy, 1662, » in-4°.

494-495. Louis XIV (1663-1696). — 387 feuillets.

Fol. 71-74. « Pouvoir donné par le Roy à la Reyne pour commander en son absence dans le Royaume; registré en Parlement le 3 may 1672. Paris, Fred. Leonard, 1672, » in-4°. — Fol. 101-166. « Traité curieux sur l'enlevement du prince de Furstenberg... A Villefranche, chez Charles de la Verité, 1676, » in-12. — Fol. 168-178. « Harangue de Mgr. l'evesque de Marseille, ambassadeur extraordinaire de Sa Majesté Très-Chrestienne, envoyé à Varsovie pour l'assemblée de l'Election, prononcée le xj. may 1674... » (latin-français), n° 71 de la *Gazette de France*, du 21 juin 1674, in-4°. — Fol. 179-182. « Traité de marine et de commerce entre Charles II, roy d'Angleterre et les Provinces-Unies des Pays-Bas, fait à Londres, le 1er décembre 1674. Paris, J. Lamesle, 1757, » in-4°. — Fol. 243-308. « Les intrigues du prince d'Orange et ses negotiations secretes dans toutes les cours des souverains de l'Europe pour parvenir à l'usurpation de la Grande-Bretagne, et la politique avec laquelle il s'y maintient; » copie ms. — Fol. 380-387. « Traité de suspension d'armes en Italie, conclu à Vigevano, le 7° octobre 1696. Paris, Fred. Leonard, 1697, » in-4°.

496-497. Louis XIV (1700-1715). — 387 feuillets.

Fol. 3-6. « Traité entre le Roy Très-Chrétien, le roy de la Grand' Bretagne et les seigneurs Etats Generaux des Provinces-Unies des Païs-

Bas. Amsterdam, Nic. Chevalier, 1700, » in-4°. — Fol. 10-123. « Testament et codicille de Charles II, roi d'Espagne, fait le 2 octobre 1700... La Haye, J. Henry, 1701, » in-12. — Fol. 131-132. « Relation exacte de ce qui s'est passé à Madrid à la réception de la lettre de Sa Majesté Très-Chrétienne, ecrite à la reine d'Espagne et au Conseil, pour leur marquer l'acceptation que le Roy a fait du testament du feu Roy Catholique en faveur de Monseigneur le duc d'Anjou. » (*S. l., n. d.*,) [1700,] in-4°. — Fol. 186-201. « Ρεφλεξιονς & κονσιδερατιονς sur le memoire des formalités necessaires pour valider la renonciation du roi d'Espagne, par M. le c. de Βουλαινουιλλιερ. » — A la fin : Διέγραψα μενσε ιυνιο 1723, nella casa del Sᵍʳ march. Δε λα Καρτε. »

498-499. *Vacants*. (Numéros réservés pour additions.)

500. Louis XV. — « Pièces fugitives, » rangées par ordre alphabétique : « Adonis — Languedoc[1]. » — 170 feuillets.

501. Louis XV. — « Pièces fugitives, » rangées par ordre alphabétique : « Mazarin (Cardinal) — Ximenès. » — 244 feuillets.

502. Louis XV. — « Receüil de pieces fugitives, tome I[2]. » — v et 254 feuillets.

Fol. 1-4. « Extrait des registres de Parlement, du mercredy 29 aoust 1714. Paris, Vᵛᵉ Fr. Muguet et Hubert Muguet, 1714, » in-4°. [Conseil de Régence.] — Fol. 21-22. « Relation de ce qui s'est passé de plus considerable pendant la maladie du Roy et depuis sa mort. Paris, Lamesle, 1715, » in-4°. — Fol. 23-32 : « Procez verbal de ce qui s'est passé au Parlement le lundi 2ᵉ septembre 1715. Paris, Vᵛᵉ Fr. Muguet, etc., 1715, » in-4°. [Régence du duc d'Orléans.] — Fol. 40-43. « Extrait des registres du Parlement, du jeudy 12ᵉ septembre 1715. Paris, Vᵛᵉ Fr. Muguet, etc., 1715, » in-4°. [Régence du duc d'Orléans.] — Fol. 59-62. « Copie de la lettre écrite par S. E. M. le prince de Chelamar, ambassadeur de Sa Majesté Catholique à la Cour de France, à S. Emᶜᵉ M. le Cardinal Aquaviva au sujet de la représentation faite à Sa Sainteté par le comte

---

1. Il y a une table alphabétique de toutes les pièces de ce recueil et du suivant en tête du Portefeuille 500.

2. En tête des trois Portefeuilles 502, 503 et 504 se trouve une table des pièces; ces trois volumes sont reliés en veau fauve, aux armes de Fontanieu.

de Gallach, dans l'audience extraordinaire du mercredy 16. mars dernier. » (*S. l., n. d.,*) [1718], in-4°. — Fol. 104-105. « Ordonnance du Roy portant declaration de guerre contre l'Espagne, du 9 janvier 1719. Paris, Impr. royale, 1719, » in-4°. — Fol. 106-107. « Ordonnance du Roy qui permet aux sujets du roy d'Espagne de demeurer en France pendant six mois,... du 10 janvier 1719. Paris, Impr. royale, 1719, » in-4°. — Fol. 108-109. « Ordonnance du Roy qui enjoint à tous ses sujets, estant en Espagne de revenir en France,... du 10 janvier 1719. Paris, Impr. royale, 1719, » in-4°. — Fol. 110-113. « Arrest de la Cour de Parlement, qui ordonne la suppression d'un imprimé contenant quatre pièces : la première intitulée, Copie d'une lettre du roi Catholique... [Conspiration de Cellamare]. Paris, Vᵛᵉ Fr. Muguet, etc., 1719, » in-4°. — Fol. 114-125. « Manifeste sur les sujets de rupture entre la France et l'Espagne. Paris, Impr. royale, 1719, » in-4°. — Fol. 131-132. « Arrest de la Cour de Parlement, qui ordonne la suppression d'un imprimé qui porte pour titre : Declaration faite par le roy Catholique, le 25 décembre 1718, du 16 janvier 1719. Paris, Vᵛᵉ Fr. Muguet, etc., 1719, » in-4°. — Fol. 137-140. « Arrest de la Cour de Parlement, qui ordonne la suppression d'un imprimé qui porte pour titre : Declaration de Sa Majesté Catholique,... daté du 27 avril 1719, du 22 may 1719. Paris, Vᵛᵉ Fr. Muguet, etc., 1719, » in-4°. — Fol. 144-145. « Lettre du Roy écrite à M. le maréchal duc de Berwick, commandant en chef les armées de Sa Majesté en Espagne, au sujet d'un écrit imprimé qui a pour titre : Declaration de Sa Majesté Catholique, etc. Paris, Impr. royale, 1719, » in-4°. — Fol. 148-162. « Etat general des dettes de l'Etat à la mort du feu roy Louis XIV,... leur reduction et payement, avec la suppression et extinction d'un grand nombre d'offices et droits... jusqu'au premier septembre 1720. » (*S. l., n. d.,*) in-4°. — Fol. 163 et 164. Tableaux mss. des revenus et dépenses de l'État en 1717. — Fol. 165-200. « Histoire des billets de banque, avec les arrêts servant de preuve. » — Fol. 202-211. « Memoire et instruction faite par ordre de Sa Majesté... au sujet des dettes de l'Estat et des actions interessées de la Compagnie des Indes [7 déc. 1721]. Paris. Impr. royale, 1721, » in-4°. — Fol. 217-230. « Procés verbal de ce qui s'est passé au lit de justice tenu par le Roy au château des Tuileries, le vendredy 26ᵉ jour d'aoust 1718. Paris, Impr. royale, 1718, » in-4°. — Fol. 234 *bis*-254. « Recueil des remontrances faites au Roy en 1718 par ses Cours souveraines, avec les réponses de Sa Majesté et arrest. (*S. l.,*) 1718, » in-4°.

503. Louis XV. — « Receüil de pièces fugitives, tome II. » — vi et 294 feuillets.

Fol. 127-131. « Harangue faite au Roy, à Fontainebleau, le 20 octobre 1725, par Monseigneur l'évêque de Langres. Paris, P. Simon, 1725, » in-4°. — Fol. 132-135. « Harangue faite au Roy, à Fontainebleau, le 10 septembre 1725, par Monseigneur l'évêque de Luçon. Paris, P. Simon, 1725. » in-4°. — Fol. 136-139. « Harangue faite à la Reine, à Fontainebleau, le 10 septembre 1725 par Monseigneur l'évêque d'Angers. Paris, P. Simon, 1725, » in-4°. — Fol. 142-143. « Harangue faite au Roy par S. E. Mgr le cardinal de Fleury, à Fontainebleau, le mardy 5 novembre 1726, après la cérémonie de la barrette. Paris, Vᵛᵉ Mazieres et J.-B. Garnier, » [1726], in-4°. — Fol. 166-171. « Declaration du Roy, par laquelle le Roy explique de nouveau ses intentions sur l'execution des bulles des papes données contre le Jansenisme,... le 24 mars 1730. Paris, Impr. royale, 1730, » in-4°.

504. Louis XV. — « Receüil de pièces fugitives, tome IV[1]. » — v et 377 feuillets.

Fol. 273-275. « Liste des seigneurs qui composent l'Assemblée générale du Clergé de France,... en l'année 1730... Paris, P. Simon, 1730, » in-4°. — Fol. 276-277. « État de distribution des bureaux de Messeigneurs les prélats... à l'Assemblée générale du Clergé de France,... en l'année 1730. Paris, P. Simon, 1730, » in-4°. — Fol. 278-287. « Harangue faite au Roy, à Versailles, le 17 septembre 1730, par Mgr l'évêque de Nismes, pour la clôture de l'Assemblée générale du Clergé de France. Paris, P. Simon, 1730, » in-4°. — Fol. 287 *bis*-290. « Harangue faite au Roy, à Versailles, le 7 juin 1730 par Mgr. l'archevesque de Paris, président de l'Assemblée générale du Clergé de France. Paris, P. Simon, 1730, » in-4°. — Fol. 291-292. « Lettre de M. l'évêque de Nismes à son Éminence M. le cardinal de Fleury, ministre d'Estat. Paris, Vᵛᵉ Mazières, » [1730], in-4°. — Fol. 293-302. « Lettre écrite au Roy par l'Assemblée générale du Clergé de France,... en 1730. Paris, P. Simon, 1730, » in-4°. — Fol. 303-308. « Arrest de la Cour de Parlement qui ordonne la suppression d'une thèse [soutenue aux Jésuites de Paris]; du 10 may 1730. Paris, P. Simon, 1730, » in-4°. — Fol. 309-310. « Arrest de la cour de Parlement, qui supprime une thèse soutenue en Sorbonne le 8 may 1730; du 17 may 1730. Paris, P. Simon, 1730, » in-4°. — Fol. 311-316. « Très-humbles supplications presentées au Roy par la Faculté de théologie de Paris au sujet d'un arrest rendu par le Parlement, le 17 mai 1730, et la lettre de M. le comte de Maurepas... Paris, Vᵛᵉ Mazières et J.-B. Garnier, 1730, » in-4°. — Fol. 337-344. « Lettre de plusieurs curés, chanoines et autres ecclésiastiques du diocèse de Sens à Monseigneur leur archevêque, du 1ᵉʳ juillet 1731. » S. l., n. d., in-4°. — Fol. 345-362. — « Mandement de Mgr. l'archevêque de Paris au sujet d'un écrit qui a pour titre : Dissertation sur les miracles... opérez au

1. Le tome III manque.

7

tombeau de M. de Paris en l'église S. Medard de Paris... Paris, P. Simon, 1731, » in-4°. — Fol. 363-366. « Requeste présenté (sic) à Monseigneur l'Archevesque par M^{rs} les curés de Paris au sujet des miracles qui s'opperent au tombeau de Mr Paris » (13 août 1731), et Lettre de M^r le curé de St-Pierre-des-Arcis... sur le même sujet, » in-4°, gravé. — Fol. 367-370. « Requeste présentée au Parlement par Anne Le Franc, appelante comme d'abus du mandement de M. l'archevêque de Paris, en date du 15 juillet 1731... Paris, Ph.-Nic. Lottin, 1731, » in-4°.

505-509. *Vacants.* (Numéros réservés pour additions.)

510. Louis XV (1715-1765). — 81 feuillets.

Fol. 46-76. « Essai historique sur les lits de justice tenus par le roy Louis XV. » — Fol. 81. « Lettre du Roi à M. l'Amiral, contenant la déclaration de guerre contre le roi de Portugal. » *S. l., n. d.* [Paris. Impr. royale, 1762], in-fol.

511-512. *Vacants.* (Numéros réservés pour additions.)

DEUXIÈME PARTIE

MATIÈRES DIVERSES

513-514. Mémoires généraux sur l'histoire de France et matières ecclésiastiques. — 557 feuillets.

> Fol. 2-31. « Table générale du recueil de titres concernant l'histoire de France, tirés tant des anciens manuscrits que des mémoires originaux et pièces fugitives du tems, par M. de Fontanieu, conseiller d'État. » — Fol. 224-231. « La memorable bataille nouvellement donnée entre les Chrestiens et les Turcs, avec un recit veritable de ce qui s'est passé à la pitoyable et constante mort du marquis de Beaurepaire Provençal. Rouen, Jacques Cailloüé, 1633, » in-8°. — Fol. 260-331. « Hadriani Valesii disceptatio de basilicis quas primi Francorum reges condiderunt, an ab origine monachos habuerint. Parisiis, ex officina Cramosiana, 1657, » in-8°.

515-516. « Églises particulières, par ordre alphabétique. » Acqs-Buzay. — 253 feuillets.

> Fol. 79-80. Charte de fondation par Thibaut, comte de Blois, de l'abbaye de l'Aumône, ordre de Cîteaux (1142) ; copie du xv° siècle, sur papier. — Fol. 189-190. Vidimus, en 1283, par Philippe III d'une charte de Louis VII, confirmant les privilèges des archevêques de Bordeaux et de leurs suffragants (1137); copie collationnée du xviii° siècle, suivie de plusieurs autres extraits (fol. 197, 201, etc.) du Livre des privilèges des archevêques de Bordeaux.

517-518. « Églises particulières, par ordre alphabétique. » Caseneuve-Grenoble. — 442 feuillets.

> Fol. 104-105. « Carta seu præceptum Rodulphi regis de Cluniaco, et appenditiis ejus. An. 927 ; » suivie de différentes autres chartes en faveur de l'abbaye de Cluny. (*S. l., n. d.,*) in-4°, *impr.* — Fol. 353-365. Dons par Thibault, Jean et Hugues de Châtillon, comtes de Blois, faits à l'abbaye N.-D. de Gastine, au diocèse de Tours, 1183, 1218, 1267 et 1296; copies

du xv⁰ s. — Fol. 410. « Catalogue des évêques de Grenoble, fait par Mgr Le Camus sur les mémoires et archives dudit évêché... » jusqu'en 1726.

519-520. « Églises particulières, par ordre alphabétique. » Hilaire (Saint-) de Poitiers-Moulins. — 307 feuillets.

521. « Églises particulières, par ordre alphabétique. » Nancy-Noyon. — 42 et 883 pages.

Pages 1-859. Copie du « Liber cartarum Nivernensis ecclesie Sancti Cyrici, » avec table (p. 843).

522-523. « Églises particulières, par ordre alphabétique. » Oleron-Toulouse. — 399 feuillets.

Fol. 126. Donation d'Eilbodo et d'Imma en faveur de Pierre de Gand (976), copie d'une pièce dont l'original est récemment entré à la Bibl. nat., nouv. acq. lat. 2574. — Fol. 172-174. « Antiquitez du royal monastere de Saint-Louis de Poissy, ordre Saint-Dominique, » et « Fondation de l'eglise et monastere royal de Dames religieuses de Saint-Louis de Poissy par Philippe le Bel, l'an 1304. » (*S. l. n. d.*), in-fol., 2 et 4 pages.

524. « Églises particulières, par ordre alphabétique. » Tournay-Ypres. — 409 feuillets.

525. *Vacant.* (Numéro réservé pour additions.)

526-528. « Ordres religieux et militaires, I. » — 407 feuillets.

Fol. 235-242. « Les privileges, franchises et immunitez, donnez et octroyez par le Roy aux cardinaux, prelats, commandeurs et officiers de l'Ordre et milice du benoist Sainct Esprit. Paris, R. Baraigne, 1620, » in-8⁰. — Fol. 243-250. « La description generale de tout ce qui s'est faict et passé aux Augustins à la ceremonie des chevaliers [du St-Esprit]... Paris, S. Moreau, 1620, » in-8⁰. — Fol. 251-258. « Les ceremonies tenues et observées à l'Ordre et milice du S. Esprit, institué par le tres-chretien roy Henri III, roy de France et de Pologne, en l'eglise des Augustins à Paris. Paris, D. Langlois, 1620, » in-8⁰. — Fol. 259-262. « Recit veritable de ce qui s'est fait et passé aux ceremonies observées à la reception des chevaliers de l'Ordre du S. Esprit,... la veille du jour de l'an 1620.., Paris, F. Bourriquant, [1620], » in-8⁰. — Fol. 263-270. « La grande protestation faicte au Roy par messieurs les princes, ducs, pairs et seigneurs

chevaliers, au jour de la reception de l'Ordre [du St-Esprit], ensemble
le vœu et serment de fidelité. Paris, S. Moreau, 1620, » in-8°. — Fol. 271-
274. « L'ordre des noms des chevaliers que Sa Majesté a faict et qui
ont esté criez par le heraut de l'Ordre [du St-Esprit] dans la salle de
Saint-Germain, le 5 décembre 1619. » (S. l. n. d.,) in-8°. — Fol. 275-282.
« L'alliance francoise, avec un discours touchant l'Ordre du Roy
enrichy d'une emblesme. (S. l.,) 1619, » in-8°. — Fol. 283-290. « Les ceremonies royalles qui se doivent faire à la reception de messieurs les
chevaliers de l'Ordre du S. Esprit... Paris, Is. Mesnier, 1619, » in-8°. —
Fol. 292-323. « Le livre des statuts et ordonnances de l'Ordre et milice
du benoist Sainct Esprit, estably par... Henri troisiéme de ce nom. »
(S. l. n. d.) [1578], in-4°. — Fol. 357-364. « L'ordre et description generale
de tout ce qui s'est faict et passé aux Augustins à la ceremonie des
chevaliers [du St-Esprit]... Lyon, Cl. Armand dit Alphonce, 1620, » in-8°.

529-531. « Ordres religieux et militaires, II. » — 421 feuillets.

Fol. 379-396. « Le institutioni dell' ordine di cavalleria del Tosone,
fatte dal duca Philippo di Borgogna. » A la fin : « Nell' Academia.
Venetiana, 1558, » in-8°.

532. *Vacant.* (Numéro réservé pour additions.)

533-535. « Matières ecclésiastiques en général, Appels au futur
Concile, Appels comme d'abus, Autorité des Papes et leur
prétendue infaillibilité, Autorité des princes séculiers
dans les affaires de l'Église. » — 395 feuillets.

Fol. 254-261. « Procez du Pape contre le Roy. » (S. l., n. d.,) in-8°. —
Fol. 267-276. « Briéfve confutation du cardinal Du Perron... sur la puissance qu'il vouloit attribuer au Pontife Romain sur l'authorité des
Roys. Ensemble la destruction des Jesuistes... Monbeliar, par Nicolas
de la Londe, 1616, » in-8°. — Fol. 278-291. « Advertissement et exhortation aux princes chrestiens de moderer la trop grande puissance de
la Cour Romaine, par I. L. F. P. (S. l.,) 1616, » in-8°.

536-538. « Matières ecclésiastiques : Biens temporels des ecclésiastiques, Canonisations, Cardinaux, Censures, Chapitres,
Clergé de France et ses assemblées, Conciles. » —
489 feuillets.

Fol. 144-154. « Plaintes et reflexions politiques sur la harangue de
de M^r l'archevesque de Roüen faite au Roy dedans la ville de Tours,

au nom de Clergé de France,... contre le Parlement de Paris, en faveur
du cardinal Mazarin... (S. l.,) 1652, » in-4°. — Fol. 192-203. « Lettre
d'advis à Messeigneurs de l'assemblée générale du Clergé, touchant
une certaine supplique présentée à... Urbain VIII par tout le corps des
Réguliers. Paris, 1625 , » in-8°. — Fol. 219-226. « Contract fait et passé
entre le Roy et le Clergé de France, assemblé... en la ville de Fontenay-le-Comte, le 17. jour du mois de juin, 1628. Grenoble, Pierre
Marniolles, 1628, » in-8°. — Fol. 297-312. « Discours sur la reception
du Concile de Trente en France. (S. l.,) 1615, » in-8°. — Fol. 466-489. « De
la publication du Concile de Trente, dénoncée par le pape Pie quatriesme de ce nom. (S. l.,) 1561, » in-8°.

539-540. « Matières ecclésiastiques : Conclaves, Croisades, Décimes, Diaconesses. » — 410 feuillets.

Fol. 20-43. « Traicté sommaire de l'élection des Papes, par H. B. P.
[Hiérosme Bignon, Parisien.] Quatriesme edition... Plus a esté adjoustée
l'élection de... Paul V. Paris, David Le Clerc, 1605, » in-8°. — Fol. 56-121.
« Caeremoniale continens ritus electionis Romani Pontificis, Gregorii
papæ XV. jussu editum... Romæ, 1622, » in-4°. — Fol. 122-138. « S. D.
N. D. Urbani... papæ VIII. confirmatio bullæ Gregorii XV. de electione
Romani Pontificis et cæremonialis continentis illius ritus. Romæ,
1626, » in-4°.

541-542. « De la discipline des Églises de France et de ses usages
particuliers, par M. Lemerre, avocat du Clergé. » —
2 vol., de 942 et 789 pages.

543-544. « Matières ecclésiastiques : Dispenses, Diverses affaires
de l'Église, Diverses matières, Dixmes, État ecclésiastique, Évêques, et instructions de leur procès, Excommunications. » — 339 feuillets.

Fol. 88-95. « De opinione probabili. » (S. l., n. d.,) in-8°. — Fol. 99-427.
« Flavii Josephi de Jesu Dom. testimonium suppositum esse ; Tana-
quilli Fabri diatriba. (S. l.,) 1655, » in-8°.

545-546. « Matières ecclésiastiques : Hérésies et hérétiques, Histoire ecclésiastique, Immunités ecclésiastiques, Impositions. » — 500 feuillets.

Fol. 70-72. Bulle du pape Paul III excommuniant les Pauvres de Lyon
et autres hérétiques : « Consueverunt sancte memorie Romani ponti-

fices..., 18 kal. maii 1468. » (Copie comtemporaine.) — Fol. 120-135. » Sur
l'Edict du mois d'avril 1598, publié le xxv. fevrier 1599, » au sujet des
gueres de religion. (S. l., n. d.,) in-8°. — Fol. 137-199. « La conference
tenuë à Hamptoncour, entre les evesques anglois et les Puritains, au
mois de janvier 1604,... avec les Constitutions et canons ecclesiastiques,
... traduit d'anglois en françois. Paris, Jean Richer, 1605, » in-8°. —
Fol. 209-216. « La furieuse chasse donnée à l'armée des heretiques Pro-
testans par messieurs les lieutenans de l'Empereur ; ensemble la prise
de plusieurs places fortes en Autriche sur lesdits Protestants... Paris,
Ch. Chappelain, 1620, » in-8°. — Fol. 226-233. « Messe à la mode nouvelle,
chantée derechef à ces Pasques dernieres 1647. par les cinq ministres
de Charenton... (A la fin :) Par F. Veron, curé de Charenton. [Paris],
D. Langlois, 1648, » in-8°. — Fol. 497. « Rolle et despartement de la
somme de six mille livres tournois... accordée par Sa Saincteté prendre
pour sa Magesté sur le temporel des ecclésiastiques » du diocèse de Gap
(18 juillet 1573).

547-562. « Recueil de pièces concernant les affaires du Clergé au
  sujet du xx° et autres impositions. » (1749-1751.)

Ce recueil de 16 volumes, reliés en veau raciné, est aujourd'hui conservé au *Département des Imprimés,* sous la cote Ld³ 159¹. La plupart des
pièces qui le composent sont imprimées et il y a une table des pièces
en tête de chaque volume. — Le « Traité des droits de l'État et du
Prince sur les biens possédés par le Clergé. Amsterdam, Arkstée et
Merkus, 1755-1757, » 6 vol. in-12, forme à lui seul les tomes XI à XVI
du recueil.

563-564. « Matières ecclésiastiques : Indult, Information de vie
  et de mœurs des nommés aux prélatures, Inquisition,
  Interdits, Juridiction ecclésiastique, Légats et nonces, et
  leurs pouvoirs en France, Libertés de l'Église gallicane. »
  — 461 feuillets.

565-566. « Matières ecclésiastiques : Liturgies et cérémonies,
  Mariages des ecclésiastiques et clercs mariés, Prestres,
  Provisions aux bénéfices. » — 393 feuillets.

Fol. 386-389. — « Prise de possession de l'archevêché de Paris par
Monseigneur l'eminentissime cardinal de Retz. » (S. l. n. d.,) in-4°.

---

1. Cf. *Bibliothèque impériale. Département des Imprimés. Catalogue de l'histoire de France* (1858), t. V, p. 17.

567-568. « Matières ecclésiastiques : Provisions aux bénéfices [suite], Questions canoniques, Régale. » — 359 feuillets.

569-570. « Matières ecclésiastiques : Réformation de l'Église, Résidence des évesques, Sacremens, Schismes, Serment de fidélité au Roy par les évesques, Simonie, Sorbonne, Universités, Usures. » — 342 feuillets.

Fol. 89-140. « Traicté de la dissolution du mariage par l'impuissance et froideur de l'homme ou de la femme. Seconde edition... Paris. Mamert Patisson, 1595, » in-8°. — Fol. 292-299. « L'Université en chemise; l'homme de lettres, l'escolier, dialogue. « (S. l. n. d.,) in-8°.

571-573. *Vacants.* (Numéros réservés pour additions.)

574. « Matières de gouvernement : Gouvernement en général. » — 394 feuillets.

Fol. 3-12. « Traitté de l'ancienne dignité royale et de l'institution des roys. » (S. l. n. d.,) in-4°. — Fol. 41-61. « En ce traictié sont contenues ‖ Les remontrances faictes ‖ au feu roy Loys unzieme de ce nom... contenant les previlleiges de l'Eglise gallicane... » (S. l. n. d.,) in-4°, goth. — Fol. 201-208. « Advis au Roy sur la reformation generale des abus qui se commettent en son royaume. (S. l.,) 1614, » in-8°. — Fol. 210-221. « De l'authorité royale. (S. l.,) 1615, » in-8°.

575. Matières de gouvernement : Régences, Minorités des roys, Majorités des roys. » — *En déficit.*

576-577. « Matières de gouvernement : Gouvernement intérieur du royaume. » — 405 feuillets.

Fol. 45-60. « Observations curieuses sur l'estat et gouvernement de France,... comme il est en la presente année 1649. Paris, G. Alliot, D. Langlois et J. Langlois, 1649, » in-4°. — Fol. 225-232. « Edict du Roy sur le reglement des Maisons Dieu, hospitaux, maladreries, aumosneries, leproseries et autres lieux pitoyables de ce royaume. Paris, J. Dallier et V. Sertenas, 1561, » in-8°. — Fol. 234-241. « Advis sur la maladie [de la peste]. Paris, Cl. Morel, 1619, » in-8°. — Fol. 252-254. « Lettre à M. Seguier de S. Brisson » au sujet de son *Philopen, ou du régime des pauvres.* » (S. l. n. d.,) in-8°. — Fol. 258-333. « Discours chrestien sur l'establissement du Bureau des pauvres de Beauvais. Rouen, J. Herault, 1676, » in-8°. — Fol. 357-368. « Ordonnance du Roy prohibitive de porter

habillemens de soye et autres superfluitez. Paris, V. Sertenas, 1561, »
in-8°. — Fol. 378-381. « Arrest de la Cour, contenant reglement pour les
armes, tiltres et qualitez de gentils-hommes et de leurs femmes, et
pour la reformation des habits,... le dernier jour de fevrier 1625... [Paris,]
Cl. Guyot, 1625, » in-8°. — Fol. 383-385. « Commission du Roy à messieurs
les ducs d'Angoulesme et de Bellegarde, monsieur le mareschal de
Bassompierre et monsieur le commandeur de la Porte, pour la reformation des despences superfluës qui se font en ce royaume. Paris, 1626, »
in-8°. — Fol. 386-389. « La Reformation necessaire à nosseigneurs gou-
vernant l'Etat. (S. l.,) 1627, » in-8°.

578-579. « Matières de gouvernement : États du royaume, tant
généraux que particuliers, Noblesse, Communes, Popu-
lations, Subsistances pour les peuples, Agriculture, Subsistance des pauvres, Etablissemens pour l'instruction de
la jeunesse, Loix somptuaires, Postes et relais, Eaux et
forêts. » — 422 feuillets.

Fol. 3-5. « L'ordre des Estats tenus à Orleans, l'an 1560. soubs le
roy Charles neufiesme, » avec gravure sur cuivre. — Fol. 56-67. « La
harangue faicte par le roy Henry III. de France et de Pologne, à
l'ouverture de l'assemblée des trois Estats generaux de son royaume,
en sa ville de Bloys, le seizieme jour d'octobre, 1588. Paris, F. Morel,
1588, » in-4°. — A la suite : « Remonstrance faicte par Monsieur le
Garde des Seaux » (fol. 68-81), — « Remerciement faict au Roy par
Monsieur l'archevesque de Bourges » (fol. 82-87), — « Remerciement
faict au nom de la noblesse de France par le baron de Senecey « (fol.
88-89), — Harangue de Monsieur le Prevost des Marchans, president
pour le tiers Estat » (fol. 90-91), — « Actes de la seconde seance des
Estats generaux de France, tenus à Blois, le mardy XVIII du mois d'octobre 1588 » (fol. 92-93), — « Declaration du Roy, sur son Edict de l'Union
de tous ses subjects Catholiques » (fol. 94-95), — « Edict du Roy sur l'U-
nion de ses subjects Catholiques, verifié en la Cour de Parlement, le 26e
jour de juillet, 1588. » (fol. 96-101), — « Briefve exhortation faicte aux
Estats de ce Royaume par Monsieur l'archevesque de Bourges... après
l'ouverture des Estats » (fol. 102-109), — « Serment du Roi pour l'observa-
tion de l'Edit d'Union » (fol. 110-111), in-4°. — Fol. 173-232. « L'ordre des
Estatz tenus à Bloys, soubz le tres-Chrestien et invincible roy de France
et de Polongne Henry III. du nom... Rouen, Martin le Megissier, 1577, »
in-8°. — Fol. 233-244. « Proposition de la noblesse de France, faicte par
Claude de Bauffremont, seigneur et baron de Senescey... Jouxte la copie
imprimée à Paris, pour Mathurin Breuille, 1577, » in-8°. — Fol. 280-291

« Article de l'Eglise apporté au Tiers Estat par Monsieur l'evesque de
Mascon, le 5e jour de janvier 1615. » (S. l., n. d.,) in-8°. — Fol. 293-296.
« Extraict des registres du Conseil d'Estat sur le differend d'un article
proposé en la Chambre du Tiers Estat, 1615. » (S. l., n. d.,) in-8°. — Fol.
298-335. « Remonstrances sur l'execution des deliberations prises en la
chambre du Tiers Estat, pour le retranchement des tailles, par Me Pierre
Marmiesse, advocat au Parlement de Tholose. Paris, D. Langlois, 1615, »
in-8°. — Fol. 337-340. « Requeste presentée au Roy par les deputez
du Tiers Estat; 1615, » in-8°. — Fol. 342-345. « Copie d'une lettre d'un
prelat deputé du Clergé à l'assemblée des Estats sur ce qui s'est passé
touchant l'article contentieux, employé pour le premier au cayer du
Tiers Estat 1615, » in-8°. — Fol. 377-384. « Declaration publicques faite
au Roy à l'ouverture des Estats... en la ville de Beziers, le 12e octobre 1632. Rouen, Cl. le Villain, 1632, » in-8°.

580-581. « Matières de gouvernement : Précautions pour la tran-
quilité de l'État. » — 254 feuillets.

Fol. 83-92. « Arrest de la Court de Parlement sur l'obeyssance deuë
au Roy par ses subjects, tant religieux, ecclesiastiques, que tous
autres. » (Tours, 19 sept. 1589.) (S. l., n. d.,) in-8°. — Fol. 102-105. « Declaration du Roy, portant deffenses, sur peine de la vie, à toutes personnes... de porter dans les villes et campagne, aucunes armes à feu...
Reims, Nic. Constant, 1627, » in-8°. — Fol. 128-254. « Le nouveau Cynée,
ou discours des occasions et moyens d'establir une paix generale et
la liberté du commerce par tout le monde, Em. Cr. P. [par Emery de
La Croix]. Paris, Jacques Villery, 1623, » in-8°.

582-583. « Matières de gouvernement : Politique avec les étrangers. » — 386 feuillets.

Fol. 252-283. « Dessein perpetuel des Espagnols à la monarchie universelle, avec les preuves d'iceluy... 1624, » in-8°. — Fol. 284. « Discours
d'Estat où il est prouvé que le roy Louys XIII doit entreprendre la
guerre en l'Espagne mesme... 1625, » in-8°. (Titre seul.)

584.   *Vacant.* (Numéro réservé pour additions.)

585-587. « Succession à la Couronne en général, Questions sur
la succession à la Couronne après la mort de Henri III,
Succession des princes légitimés à la Couronne, Prétentions des princes de Lorraine à la succession de la Cou-

ronne, Prétentions des princes étrangers à la Couronne, Renonciation. — Prérogatives générales de la Couronne, Prérogatives particulières de nos rois, Préséance des rois de France sur les autres rois de l'Europe. » — 539 feuillets.

Fol. 31-82. « La loy salique, premiere loy des François, faicte par le roy Pharamond... » [Paris, Galliot Dupré, 1557], in-8° (fol. 81-153 de l'édition de *La grand monarchie de France* de Cl. de Seyssel). — Fol. 231-244. « Discours sur le droit pretendu par ceux de Guise sur la couronne de France, 1583, » in-8°. — Fol. 276-300. « Extraict d'un Traicté, de la grandeur, droicts, preeminences, et prerogatives des Roys, et du Royaume de France. » (*S. l., n. d.,*) in-8°.

588.   *Vacant.* (Numéro réservé pour additions.)

589-590. « Maison du Roi en général, Maison militaire du Roi, Chapelle, Cérémonies ecclésiastiques, Services domestiques : Chambre, Bouche et Sept Offices, Écurie. » — 299 feuillets.

591-592. « Maisons du Roi, de la Reine et des Enfans de France. » — 529 feuillets.

États des maisons de Henri II (fol. 2), Catherine de Médicis (fol. 58), et de la reine Marguerite, femme de Henri IV (fol. 493).

593-594. « Maisons du Roi, de la Reine, des Enfans de France et des princes autres que les Enfans de France ; Bâtimens, Meubles et joyaux, États de dépenses, Règlemens pour la police de la Cour, Droits des officiers, Privilèges des officiers commensaux des Maisons du Roi et de la Reine, Règlemens des fonctions des officiers du Roi, Logemens. » — 302 feuillets.

595.   *Vacant.* (Numéro réservé pour additions.)

596-597. « Offices en général ; Grands offices de la Couronne, Connétables. — 303 feuillets.

Fol. 50-57. « Franc et veritable discours sur la revocation du droict Annuel. » (*S. l., n. d.,*) in-8°. — Fol. 135-214. « Recherche des Connestables, mareschaux et admiraux de France,... par M. A. Mathas, procureur du Roy en l'Election particuliere de Crouy-sur-Ourq. Paris, François Julliot, 1623, » in-8°.

598-599. « Offices : Chancellier, Maréchaux de France, Colonel-général de l'Infanterie, Amiral, Grand-maître des Arbalestriers et de l'Artillerie de France, Amiral. » — 440 feuillets.

Fol. 322-325. « Reception de Monsieur le baron de Vitry, en la dignité de mareschal de France, faicte en Parlement, le mardy 23 may 1617. Paris, Nic. Alexandre, 1617, » in-8°. — Fol. 395-400. « Presentation de Monsieur de Montmorancy en l'office d'Admiral de France, 1612, » in-4°.

600-601. « Offices : Grand-maître, Grand-aumônier, Grand-chambrier, Grand-chambellan, Grand-pannetier, Grand-bouteiller, Grand-veneur, Grand-écuyer, Grand-voyer, Grand-prévost, Grand-maréchal-des-logis. — Offices militaires : Gouverneurs de provinces, Gouvernement de Paris, Gouverneurs des places. » — 373 feuillets.

602-604. « Offices : Pouvoirs de généraux d'armée, Offices concernant le ministère, Lieutenans-généraux du royaume, Offices de judicature et de finance, Offices municipaux et Offices divers. » — 372 feuillets.

605-606. *Vacants*. (Numéros réservés pour additions.)

607-609. « Contrats de mariages en général ; Mariages des rois de France, par ordre chronologique. » (914-1659.) — 383 feuillets.

Fol. 26-32. « Les alliances par mariage d'entre les maisons royales de France et d'Angleterre. (S. l.,) 1624, » in-8°. — Fol. 337-351. « Traité du mariage de Henry IIII. roy de France et de Navarre, avec la serenissime princesse de Florence. » (S. l., n. d.,) in-8°.

610-612. « Contrats de mariages des princes du sang et légitimés de France, par ordre chonologique. » (1097-1503.) — 380 feuillets.

613-615. « Contrats de mariages des princes du sang et légitimés de France, par ordre chonologique. » (1503-1696.) — Mariages des princesses du sang de France, par ordre chronologique. » (1206-1397.) — 488 feuillets.

Fol. 110-117. « Les actes et dispense du mariage confirmé, contracté et celebré... entre... Henry de Bourbon et Marie de Cleves, prince et princesse de Condé. Paris, J. Dallier, [1573], » in-8°. — Fol. 135-152. « Contract de mariage de monsieur le duc de Vandosme. » (S. l.,) [1610], in-4°. — Fol. 233-236. « La Reunion du Roy, au retour de ses lieutenans de guerre, faicte au regard du mariage de Monsieur le duc de Longueville, et de madamoiselle de Soissons, la veille de may, 1617, suivant le recueil faict par P. B. S. D. V. [Pierre Beaunis, sieur des Viettes], historiographe de Sa Majesté. Paris, Jos. Guerreau, [1617], » in-8°. — Fol. 256-263. « Arrest de la Cour de Parlement, par lequel le pretendu mariage de Monsieur avec la princesse Marguerite de Lorraine est declaré non valablement contracté... Paris, A. Estienne, P. Mettayer et C. Prevost, 1634, » in-8°. — Fol. 301-308. « Contrat de mariage de Mgr. le duc de Bourgogne avec madame la princesse de Savoye. Lyon, pour Fr. Leonard, chez J.-B. Girin, de l'impr. de Michel Goy, 1697, » in-4°.

616-617. « Contrats de mariages des princesses du sang de France. » (1403-1684.) — 403 feuillets.

Fol. 377-384. « Articles accordez entre les commissaires du serenissime roy de la Grande-Bretagne, d'une part, et ceux du Roy tres-Chrestien de France et de Navarre, d'autre, pour le mariage entre le serenissime prince de Galles... et Madame Henriette-Marie, sœur de Sa Majesté tres-Chrestienne. Paris, 1625, » in-8°.

618-620. « Contrats de mariages des souverains et princes étrangers, par ordre chronologique » (1172-1684); « Mariages des seigneurs et particuliers, par ordre alphabétique des noms des marys, » A-C. — 484 feuillets.

621-624. « Contrats de mariages des seigneurs et particuliers, par ordre alphabétique des noms de marys, » D-V; « Dissolutions de mariages. » (1244-1634.) — 365 feuillets.

Fol. 358-365. Même arrêt imprimé qui se trouve déjà aux fol. 256-263 des Portefeuilles 613-615.

625-626. *Vacants.* (Numéros réservés pour additions.)

627-628. « Testamens des rois et reines de France, par ordre
chronologique » (806-1714); « Testaments des princes et
princesses de France, par ordre chronologique » (1249-
1747). — 373 feuillets.

629-630. « Testamens des souverains et princes étrangers, par
ordre chronologique » (626-1700); « Testamens des seigneurs et particuliers, par ordre alphabétique, » A-D. —
405 feuillets.

> Fol. 177-182. « Testament de Don Charles II. roy d'Espagne,... fait en
> faveur de Mgr. le duc d'Anjou..., traduit fidélement du castilhan en
> françois. Toulouse, Vᵛᵉ J.-J. Boude, 1700, » in-4°. — Fol. 209-212. « Les
> articles du testament de la marquise d'Ancre, avant sa mort en la Con-
> ciergerie. Paris, Jos. Guerreau, 1617, » in-8°. — Fol. 214-217. « Le testa-
> ment et derniere volonté du sieur Conchini de Conchino, jadis pretendu
> mareschal de France... Paris, J. Sara, 1617, » in-8°. — Fol. 351-352.
> « Testament de feu Mgr. l'evesque de Bellay [Jean de Passelaigue],
> touchant sa sepulture. Paris, P. Le Petit, 1652, » in-4°.

631-633. « Testamens des seigneurs et particuliers, par ordre
alphabétique, » E-W. — 437 feuillets.

> Fol. 6-9. « Testament de Monsieur le duc d'Espernon. (S. l.,) 1650, »
> in-4°. — Fol. 151-158. « Testament solennel du cardinal Mazarin, par
> luy fait au temps des Barricades, et trouvé depuis sa sortie de Paris,
> en son cabinet, datté du 29 aoust 1648... Paris, Fr. Musnier, 1649, »
> in-4°. — Fol. 159-162. « Codicile tres-veritable de Jules Mazarin, fait par
> la permission du Roy dans S.-Germain-en-Laye. Paris, Cl. Morlot, 1649, »
> in-4°. — Fol. 289-296. « Le testament de Monsieur le cardinal duc de
> Richelieu. » (S. l., n. d.,) [1642,] in-4°.

634. *Vacant.* (Numéro réservé pour additions.)

635-638. « Généalogies en général, Généalogie de la Maison
royale, Généalogies des princes du sang de France, Généalogies des souverains et princes étrangers, par ordre
alphabétique. » — 434 feuillets.

> Fol. 259-295. « Relatione dell' origine della Casa d'Austria e delli
> acquisti fatti da loro, e le cause dove sono nate le presenti revolutioni
> di Germania » (xvIIᵉ s.), *ms.* — Fol. 323-351. « Généalogie des ducs
> héréditaires de Lorraine » (xvIIIᵉ s.), *ms.* — Fol. 367-370. « Arrest du

Parlement, qui ordonne la suppression de quatre livres concernant la Généalogie de la Maison de Lorraine, du 17 décembre 1712. Paris, Vve Fr. Muguet et Hubert Muguet, 1712, » in-4°.

639-641. « Généalogies (Suite des) : Seigneurs et particuliers, tant françois qu'étrangers, par ordre alphabétique, » A-C. — 337 feuillets.

Fol. 51-76. « Genealogie des comtes et ducs de Bar, jusque à Henry, duc de Lorraine et de Bar, l'an 1608... Paris, Edme Martin, 1627, » in-4°. — Fol. 77-80. « Lettres d'Antoine, duc de Lorraine... et de son fils François,... par lesquelles ils advouent estre hommes liges et vassaux du roy François Ier... » etc. (1541 et 1563). (S. l., n. d.,) in-4°. — Fol. 175-188. « La casa de Cabrera, su origen y armas, » en espagnol, ms. — Fol. 204-222. « Genealogie de Bertrand de Caumont, de Beauvilla ; pour prouver qu'il est heritier du nom et des armes de la maison de Caumont, dont M. le duc de La Force est aujourd'hui le chef. [Paris,] d'Houry, 1737, » in-4°. — Fol. 270-293. « Remonstrance presentée au Roy par Messieurs de Courtenay, le 16° mars 1626, » etc. (S. l., n. d.,) in-8°. — Fol. 305. « Genealogie de la maison de Croy et de ses descendans, par rapport à la creance de M. le duc d'Orleans, et aux hypotheques qu'il pretend sur leurs terres. » (S. l., n. d.,) placard double in-fol. — Fol. 314-335. « Armes des seigneurs, barons et contes de Crussol, qui sont dans la chapelle du château de Charmes, en ladicte conté de Crussol, » parch., blasons peints, ms.

642-644. « Généalogies (Suite des) : Seigneurs et particuliers, tant françois qu'étrangers, par ordre alphabétique, » D-Y. — 344 feuillets.

Fol. 21-26. « Transaction sur procès entre François d'Espinay, seigneur de Saint-Luc, et Charles de Cossé, seigneur de Brissac, son beau-frère (9 mars 1588) ; copie du temps. » — Fol. 81-88. « Remarques sommaires sur la maison de Gondi, par le sieur d'Hozier... Paris, 1652, » in-4°. — « La Casa de Haro, » en espagnol, ms. — Fol. 128-158. « Memoire apologetique pour la branche aînée de la maison de Hornes. Paris, C. Huguier, 1722, » in-8°.

645-647 *bis.* « Recueil abrégé des principales maisons du Royaume. » (1693 et 1694.)

En tête de chaque volume, sauf le t. IV, se trouve une table alphabétique des généalogies qui y sont contenues. — Le premier volume est précédé d'un traité des armoiries et du blason. — Blasons peints

en tête de chaque généalogie dans le premier volume seul. — 4 volumes,
sur parchemin, vi-334, iv-320, viii-317 pages et 61 feuillets. Rel.
maroquin rouge, les t. I et II, aux armes de Fontanieu.

648. « Généalogies de maisons illustres. » — vii et 467 feuillets.

Blasons peints. — Il y a une table alphabétique des généalogies en
tête du volume.

649-650. *Vacants.* (Numéros réservés pour additions.)

651-653. « État des personnes en général : Étrangers et Aubains,
Naturalisation, Chevalerie, Personnes ecclésiastiques,
Noblesse et anoblissement, Bourgeoisies et Rotures ; Rangs
des grands à la Cour et entre eux. » — 456 feuillets.

Fol. 172-251. « Procès-verbal de la recherche de la noblesse de Champagne, fait par Monsieur de Caumartin, avec les armes et blazons de
chaque famille. Chaalons, J. Seneuze, 1673, » in-8°.

654-657. « État des personnes en particulier : Armoiries, Dignités,
Maisons des Grands seigneurs ; États des femmes et
veuves, Tuteurs et mineurs, Émancipations, Ordre dans les
familles, Bâtards et légitimations ; Servitudes et affranchissements, Prisonniers de guerre et rançons ; Privilèges ;
Hommes illustres. » — 560 feuillets.

Fol. 118. « Che sont les gens qui estoient residens en l'ostel mons. le
comte de Blois, le merquedy premier jour de juillet l'an mil III^cLXVI. »
— Fol. 179-188. « Avis de parens pour la tutelle des enfans mineurs de
Charles de Cossé, comte de Brissac, maréchal de France, et sentence du
Châtelet, en conséquence ; copie du temps » (13 mai 1564). — Fol. 263-
286. » Sentence de l'Official d'Amiens, donnée sur la nullité du mariage
de madame la duchesse de Beaufort avec Monsieur Damerval de Liancourt, » et autres pièces sur le duc de Vendôme (1594-1619). (S. l., n. d.,)
in-4°. — Fol. 370-409. « Mémoire pour l'entière abolition de la servitude
en France. Paris, Ch.-Est. Chenault. 1765, » in-4°. — Fol. 443-488. « Les
vies de messire Jacques et Anthoine de Chabannes, tous deux grands
maistres de France,... par le sieur Du Plessis... Paris, J. Libert, 1617, »
in-8°. — Fol. 504-510. « Le Trophée d'Anthoine de Croix, prince de
Portian,... par Ubert Philippe de Villiers, secrétaire dudict sieur prince...
Lyon, J. Saugrain, 1567, » in-8°. — Fol. 516-531. « Les dernières heures

de Monsieur Du Plessis Mornay. (S. l.,) 1624, » in-8°. — Fol. 533-539.
« Discours sur la vie et la mort de Monsieur le mareschal d'Effiat...
Paris, Adr. Bacot, 1632, » in-8°. — Fol. 543-554. « Harangue funebre faite
à l'honneur de... Henry duc de Rohan,... traduite du latin de Th. Tron-
chin. Paris, jouxte la copie imprimée à Geneve, et se vendent à Charenton par Louys de Vendosme, 1638, » in-8°.

658. *Vacant.* (Numéro réservé pour additions.)

659-661. « Procès criminels en général, et Procès criminels en
particulier, par ordre alphabétique, » A-C. — 506 feuillets.

662-665. « Procès criminels en particulier, par ordre alphabétique, » D-Z. « Procès criminels faits à des corps étrangers. » — 498 feuillets.

Fol. 99-102. « Recit veritable de la mort du sieur baron de Heurtevan,
decapité à Paris, devant la Croix du Tiroir, le mardy 21. de mars. Paris,
Anth. du Brueil, 1617, » in-8°.

666. *Vacant.* (Numéro réservé pour additions.)

667-668. « Pairies; mémoires généraux, pièces concernant les
droits et prérogatives des pairs en général, par ordre
chronologique. » (1015-1664.) — 353 feuillets.

669-671. « Pairies, par ordre alphabétique. » — 378 feuillets.

672. *Vacant.* (Numéro réservé pour additions.)

673-676. « Droit féodal en général : Suzeraineté, Justice féodale,
Hommages, Droits féodaux, Reconnoissances, Service
militaire, Dixmes seigneuriales, Droit de monnoye, Rentes
foncières, Monnoies des seigneurs dans le royaume, Fiefs
de danger, Bail et rachat au pays du Maine, Extinction
et amortissement des fiefs, Franc-alleu, Douaires des
veuves sur les fiefs en Normandie. » — 282 feuillets.

Fol. 242. Charte de Gui, vicomte de Thouars, concédant cent livres
de rente à Guillaume l'Archevêque, sieur de Parthenay, et à ses héritiers (1239); en latin.

8

677-682. « Anciennes Ordonnances de nos rois de la troisième race jusqu'en 1350. » — 6 volumes, rel. veau fauve.

I (677). xx-628 pages. — II (678). x-515 pages. — III (679). x-635 pages. — IV (680). x-530 pages. — V (681). x-714 pages. — VI (682). x-588 pages. — Il y a une table des matières sous lesquelles sont rangées ces Ordonnances en tête de chaque volume.

683-685. « Ordonnances (Suite des) ; Coutumes. » — 384 feuillets.

Fol. 11-62. « Coustumes generalles ‖ gardees et observees en la ville preuoste et viconte de Pa‖ris,... le XXVII. iour de mars Lan mil cinq ‖ cens dix auant pasques... » (S. l., n. d.,) in-8°, goth. — Fol. 64-138. « Coutumes ‖ du pays et bailliage Dauxerre... » A la fin : « ... A Paris pour Guillaume le bret... acheuées le XVIIᵉ iour de May Mil. D. XXXIX, » in-8°, goth. —Fol. 146-177. « Les coustumes generalles gardees et obser-vees ‖ au bailliage de Meleun. Et nouvellement publiees ‖ audit Meleun... Imprimées pour Englebert et Jehan de ‖ Marnef... » A la fin : « A Paris l'an Mil cinq cens et dixneuf, le deuxiesme ‖ iour Dauril, » in-4°, goth. — Fol. 184-275. « Coustumier general du pays de Niuernoys. » — A la fin : « Cy fine le coustumier et Stille du pays et conte de Niver ‖ noys... acheue d'imprimer le dernier iour du moys daoust mil cinq cens trente cinq par Nicolas Hicman, imprimeur, pour honneste personne Jehan le noir, marchant libraire, demourant à la Charite..., » in-4°, goth. — Fol. 281-322. « ❡ Les coustumes des bailliage et pre-‖uoste Dorleans et res-sors d'iceulx. Lesquelles danciennete ont ‖ este vulgairement appellees Les coustumes de Lorryz ‖ ... » (1509.) (S. l., n. d.,) in-4°, goth.

686. *Vacant.* (Numéro réservé pour additions.)

687-688. « Jurisdictions, Discussions entre les jurisdictions ecclé-siastiques et séculières, Jugemens des évêques et ecclé-siastiques, Conseil du Roi. » — 407 feuillets.

Fol. 7-30. « Recherches historiques sur les Cours qui exerçoient la justice souveraine de nos rois, par M. Gibert, 1763, » in-4°.

689-690. « Juridictions (Suite des) : Maîtres des requêtes, Chan-cellerie, Commissions particulières, Intendances, Grand-Conseil, Prévôté de l'Hôtel, Maréchaux de France, Parle-ment en général, Parlemens de Paris, de Toulouse, de Bretagne, de Provence, de Grenoble, de Bordeaux, de Dijon. » — 442 feuillets.

Fol. 166-171. « Arrest du Conseil d'État du Roi portant règlement pour la jurisdiction de la Prevôté de l'Hôtel, du 1er avril 1762. Paris, Impr. royale, 1762, » in-4°. — Fol. 405-412. « Le Pacifique pour la défense du Parlement. » (*S. l., n. d.,*) in-8°.

694-693. « Jurisdictions (Suite des) : Parlemens de Rouen, de Pau, de Flandres, de Metz, de Besançon ; Conseils souverains ; Chambre mi-partie, Grands-Jours, Chambres de justice. » — 346 feuillets.

Fol. 129-132. « Motifs et raisons principales du Parlement de Rouen, pour sa jonction avec celui de Paris. Paris, Vve André Musnier, 1649, » in-4°. — Fol. 288-297. « Remonstrance des commissaires ordinaires des Guerres à Nosseigneurs les commissaires deputez par le Roy pour la taxe à faire sur la composition de la Chambre de justice... Paris, pour Silvestre Moreau, 1607, » in-8°. — Fol. 298-311. « Humble requeste au Roy pour les officiers des Eslections et Greniers à sel de France sur la composition de la Chambre de justice. (*S. l.,*) 1607, » in-8°. — Fol. 317-325. « Edict du Roy pour l'establissement d'une Chambre de justice pour la recherche et punition des abus et malversations commises au faict de ses finances... Paris, Fed. Morel et P. Mettayer, 1624, » in-8°. — Fol. 327-343. « Lettre du P. de Chantelouve aux nouvelles Chambres de justice,... A Bruxelles, le 14 aoust 1632. » (*S. l., n. d.,*) in-4° (*Pièces curieuses*).

694-696. « Juridictions (Suite des) : Chambre des Comptes, Bureau des finances et Trésoriers de France, Cours des Aydes, Cours des Monnoyes, Gens du Roi, Eaux et Forêts, Voirie, Amirautés, Avocats et Procureurs, *Committimus* aux Requêtes de l'Hôtel et du Palais, Présidiaux, Prévôtés, Baillages, Sénéchausées, Châtellenies, etc., Greniers à sel, Consuls, Hôtel-de-Ville de Paris ; Cours supérieures étrangères, Privilèges des Cours supérieures, Discipline et cérémonial des Cours, Jurisprudence et jugemens particuliers, Formes judiciaires. » — 533 feuillets.

Fol. 422-425. « Edict du Roy portant creation en tiltre d'office des charges des Procureurs, pour jouir des fonctions, profits et esmolumens y appartenans... Paris, Fed. Morel et P. Mettayer, 1620, » in-8°. — Fol. 517-528. « Plaidoyé faict en la Chambre de l'Edict par M. Paul Descomel, advocat en Parlement, pour monstrer en quel cas un enfant de famille s'est peu marier sans le consentement de son pere. Lyon, Cl. Armand, dit Alphonce, 1620, » in-8°.

697-698. *Vacants.* (Numéros réservés pour additions.)

699-700. « Guerre en général ; Règlemens généraux militaires, Déclaration de guerre, Jouxtes et Tournois, Guerre particulière et Duels. » — 390 feuillets.

Fol. 122-129. « Lettres patentes du Roy, portant defenses à tous ses subjets de prendre paye, appointement, s'enroller ou entreprendre de porter les armes sinon sous la charge et conduite de ceux qui auront commission de Sa Majesté. Paris, F. Morel et P. Mettayer, 1616, » in-8°.

701-702. « Guerre (Suite de la) : Enseignes, tentes et pavillons militaires, Ban et arrière-ban, Troupes anciennes de différentes espèces, Fonctions d'officiers militaires, Armemens et artillerie, Fortifications, Guet et gardes, Redevances des vassaux à leurs seigneurs en cas de guerre, Impositions pour la guerre, Droit de marque et représailles. » — 289 feuillets.

703-704. « Guerre (Suite de la) : Relations de sièges, batailles et campagnes, Sermens et enrollements des gens de guerre, Pouvoirs des généraux d'armées, Écoles militaires, Butin et prisonniers de guerre, Châtimens militaires, Récompenses militaires, Police militaire, Amnisties, Sauvegardes, Rangs des troupes entre elles, Privilèges des gens de guerre, Dépenses militaires, Subsistance des troupes, Munitions de guerre et de bouche, Hôpitaux et soldats invalides. » — 271 feuillets.

Fol. 172-173. « Ordre et reiglement que doivent tenir et garder les soldats et gens de guerre à pied... Paris, 1649, » in-4°. — Fol. 200-203. « Lettres patentes du Roy et arrest de la Cour des Aydes, pour l'exemption des Commissaires ordinaires des Guerres. Paris, P. Mettayer, A. Estienne, 1634, » in-8°.

705. *Vacant.* (Numéro réservé pour additions.)

706-708. « Finances en général ; Amortissemens, Francs-fiefs et nouveaux acquêts, Annuel et Paulette, Domaines et Bois, Emprunts, Monnoyes. » — 545 feuillets.

Fol. 170-181. « Edict du Roy par lequel il permet à toutes personnes qui tiennent estats et offices venaulx de les pouvoir resigner quand bon leur semblera à personnes capables, ou les conserver a leurs veufves, enfans et heritiers en payant le tiers denier de la valeur d'iceulx. Rouen, M. Le Mesgissier, 1568, » in-8°. — Fol. 183. « Discours sur le droict annuel. » (S. l., n. d.,) in-8°. — Fol. 386-461. « Discours de Jean Bodin sur le rehaussement et diminution des monnoyes, tant d'or que d'argent, et le moyen d'y remedier; et responce aux Paradoxes de Monsieur de Malestroict. Paris, Jacques du Puys, 1578, » in-8°. — Fol. 462-493. « Les Paradoxes du seigneur de Malestroict, conseiller du Roy, ... sur le faict des monnoyes, presentez à Sa Majesté au moys de mars 1576... Paris, Jacques du Puys, 1578, » in 8°. — Fol. 474-493. « Recueil des principaux advis donnez es assemblées faictes par commandement du Roy en l'abbaye Saint-Germain-des-Prez au mois d'aoust dernier sur le contenu des memoires... portans l'establissement du compte par escuz et suppression de celuy par solz et livres, par François Garrault, sieur des Gorges... Paris, Jacques du Puys, 1578, » in-8°. — Fol. 494-509. « Paradoxe sur le faict des monnoyes, par François Garrault, sieur des Gorges... Paris, Jacques du Puys, 1578, » in-8°. — Fol. 517-523. « Declaration du Roy, sur son edict et reiglement general des Monnoyes, du present mois de septembre [1602], » in-8° (le titre manque). — Fol. 530-533. « Arrest de la Cour des Monnoyes, portant deffences d'exposer aucunes especes descriées par l'Edict du Roy, sur le faict de ses Monnoyes... Paris, Vve Nicolas Roffet, 1620, » in-8°. — Fol. 538-545. « Declaration du Roy, portant que toutes les especes d'or et d'argent, tant en France qu'estranger, soit de poids ou legeres, à la reserve des Loüis d'or et d'argent, Escus d'or et de la Pistolle d'Espagne de poids, sont decriées... Paris, Seb. Cramoisy, 1652, » in-8°.

709-712. « Finances (Suite des) : Tailles, Impositions particulières, Joyeux avènement, Mines et minières, Octrois, Pensions, Fermes et Gabelles, États des finances, Dons et Acquits, Dons et Confiscations, Dons gratuits par le clergé des provinces et des villes, Épargne et Trésor royal, Dépenses diverses, Projets de finances, Recherches des financiers, Rentes sur la Ville et le Clergé, Système de Law. » — 358 feuillets.

Fol. 19-23. « Harangue faite à la Reyne, au Palais-Royal, le 21. decemb. 1648, par M⁰ Amelot, premier president de la Cour des Aydes, pour la revocation du traité des tailles... Paris, D. Langlois, 1649, » in-4⁰. — Fol. 210-214. « Rôles des taxes que le Roy en son Conseil, la Reine regente sa mere presente, a ordonné estre payées par les proprietaires des terres, maisons et heritages cy-après mentionnées, sizes és environs de la ville de Paris... » (A la fin :) « Imprimé à S. Germain en Laye, le 18 fevrier 1659, » in-4⁰ (le titre manque). — Fol. 299-307. « Quatre propositions faite au Roy pour le soulagement de son peuple et l'augmentation du fonds de ses finances, par Mon-Seigneur le Prince de Condé. Suyvant la copie impr. à Paris, chez Nic. Alexandre, 1620, » in-8⁰.

713-714. *Vacants.* (Numéros réservés pour additions.)

715-716. « Commerce en général : Or et argent considérés comme marchandises, Poids et mesures. » — 411 feuillets.

Fol. 379-411. « Essai sur le rapport des poids étrangers avec le marc de France, lû à l'assemblée publique de l'Académie royale des Sciences... par M. Tillet. Paris, Impr. royale, 1766, » in-4⁰.

717-718. « Commerce (Suite du) : Foires, Canaux et grands Chemins, Commerce, Manufactures, Privilèges exclusifs, Droits du Roi sur le commerce, Commerce et Agriculture, Commerce des productions du Royaume. » — 390 feuillets.

Fol. 30-31. « Arrêt de la Cour de Parlement, qui déclare nulle et incompétente une sentence de la Conservation de Lyon contre Dalpujet, juif de Bordeaux, attendu qu'il ne s'agissoit pas de foire, et renvoye la cause par devant les juge-consuls de Lyon, du 9 mai 1759. [Paris,] P. G. Le Mercier, 1759, » in-4⁰. — Fol. 32-33. « Arrêt de la Cour de Parlement, qui déclare nulle et incompétente une sentence de la Conservation de Lyon, contre un marchand de Paris, et déboute les juge-conservateurs de leur intervention en la cause, du 28 juin 1753. [Paris,] P.-G. Le Mercier, 1759, » in-4⁰. — Fol. 34-47. « Mémoire [signé : Tolozan] pour la sénéchaussée et le siège présidial de Lyon, unis à la Cour des Monnoies, servant de réponse au mémoire des officiers de la Conservation de la même ville au sujet du règlement à faire au Conseil du Roi pour fixer les limites de la juridiction de la Conservation. Paris, P.-G. Le Mercier, 1762, » in-4⁰ — Fol. 48-59. « Réfutation des notes ou observations faites par les officiers de la Conservation de Lyon... concernant cette juridiction. [Paris,] P.-G. Le Mercier, 1762, » in-4⁰. — Fol. 60-97. « Recueil de pièces justificatives pour les officiers du siège de la Conservation de Lyon contre le projet de règlement, donné par MM. les Députés du Commerce, concernant cette juridiction. Lyon, Aimé Delaroche, 1760, » in-4°. — Fol. 98-225. « Recueil de pièces et mémoires concernant le règlement à faire entre la jurisdiction de la Conservation de Lyon, et les jurisdictions consulaires. Paris, P.-G. Le Mercier, 1759, » in-4°. — Fol. 312-388. « Lettre à Monsieur Barrillon Damoncourt,... intendant... en Picardie, contenant la relation et la description des travaux qui se font en Languedoc pour la communication des deux mers, par M. de Froidour... Toulouse, J.-Dom. Camusat, 1672, » in-8° (3 lettres ; cartes).

719. « Commerce (Suite du) : Commerce des productions du Royaume, tant à l'intérieur qu'à l'extérieur. » — 310 feuillets.

Fol. 35. « Arrest du Conseil d'État du Roi, qui ordonne, qu'à l'avenir les farines de minot venant de l'étranger payeront à toutes les entrées du royaume six sols par quintal,... du 27 mars 1763. Paris, Impr. royale, 1763, » in-4°. — Fol. 36-37. « Déclaration du Roi, portant permission de faire circuler les grains, farines et légumes dans toute l'étendue du Royaume, en exemption de tous droits, même ceux de péages,... le 25 mai 1763. Paris, Impr. royale, 1763, » in-4°. — Fol. 39. « Arrest du Conseil d'État du Roi qui, en interprétant, en tant que le besoin, celui du 27 mars 1763, ordonne que toutes farines indistinctement, venant de l'étranger, payeront à toutes les entrées du royaume, le droit de six sous par quintal, etc., du 18 septembre 1763. Paris, Impr. royale, 1763, » in-4°. — Fol. 40. « Arrest du Conseil d'État du Roi, qui ordonne que la liberté de sortie, accordée aux farines de minot, sera étendue à toute espèce de farines, du 21 novembre 1763. Paris, Impr. royale, 1763, » in-4°. — Fol. 41. « Arrest du Conseil d'État du Roi, qui permet la sortie à l'étranger des menus grains... et autres légumes, par tous les ports indistinctement du Royaume, du 2 janvier 1764. Paris, Impr. royale, 1764, » in-4°. — Fol. 247-270. « Mémoire sur les bleds, avec un projet d'édit pour maintenir en tous tems la valeur des grains à un prix convenable au vendeur et à l'acheteur. [Paris,] 1748, » in-4°. — Fol. 296-299. « Lettres du Parlement, séant à Rouen, au Roi, au sujet de l'Édit de Sa Majesté... de juillet 1764, concernant la liberté de la sortie et de l'entrée des grains dans le Royaume. » (S. l., n. d.,) in-8°. — Fol. 303-310. « Dialogue d'un curé de campagne avec son marguillier au sujet de l'Édit du Roi qui permet l'exportation des grains, par M. Gerardin,... curé de Rouvre en Lorraine, du 15 décembre 1766. » (S. l., n. d.,) in-8°.

720-722. « Commerce (Suite du) : Commerce avec les étrangers en Europe, Privilèges accordés aux étrangers commerçans en

France, Commerce en Asie, Affrique et Amérique, Commerce des nations étrangères entre elles, Traités de commerce avec les puissances étrangères, Commerce mari-
time. » — 423 feuillets.

Fol. 261-306. « Traduction des loix espagnoles sur le Conseil des Indes, par
M. Petit, préposé à la législation des Colonies, 1764 ; » *ms.*

723. *Vacant.* (Numéro réservé pour additions.)

724. « Marine en général ; » Finances et Commerce. — 513 feuillets.

725-727. « Marine militaire, Marine commerçante ; Diverses matières ; Mœurs et usages. » — 247 feuillets.

Fol. 76-81. « Rencontre perilleuse de deux navires espaignolles au
retour des Indes Orientales, contre quatre vaisseaux anglois et finale-
ment la victoire obtenuë par eux contre ces heretiques, tiré de l'espagnol, par B. D. B. Chamberi, Fr. Dorve, 1620, » in-8°. — Fol. 105-112.
« Declaration du Roy de la suppression de la Chambre de l'Admirauté
establie à La Rochelle, avant son advenement à la Couronne. Tours,
Jamet Mettayer, 1591, » in-8°. — Fol. 229. « C'est la mise et despense
faicte par le receveur de Blois pour certaines eaux roses qui ont esté
faictes du commandement monseigneur et madame de Blois, lesquelles
ont esté devisés par maistre Jehan le Mire, medecin mondict seigneur »
(*s. d.*) ; *ms.*

728-729. « Diverses matières singulières ; Juifs. » — 258 feuillets.

Fol. 62-68. « Proposition presentée au Roy d'une escriture universelle,
admirable pour ses effects, tres-utile et necessaire à tous les hommes
de la terre, par J. Douet, sieur du Rompcroissant. Lyon, jouxte la copie
impr. à Paris, par Jacques Dugaast, 1628, » in-8°. — Fol. 71-78. « Les
estranges et desplorables accidents arrivez en divers endroits sur la
rivière de Loire et lieux circonvoisins, par l'effroyable desbordement
des eaux et l'espouventable tempeste des vents, le 19. et 20. janvier
1633,... Rouen, Cl. le Villain, 1633, » in-8°.

730-731. « Provinces en général, » et histoire des Provinces par
ordre alphabétique de provinces et de villes : Acqs-Artois.
— 260 feuillets.

Fol. 88-108. « Histoire sommaire des comtes et ducs d'Anjou,... par Bernard de Girard, seigneur du Haillan... Paris, à l'Olivier de Pierre l'Huillier, 1571, » in-8°. — Fol. 157-215. « Memoire et observations pour l'ordre du Tiers-Etat de la province d'Artois, contre les ordres du Clergé et de la noblesse de la même province. [Paris], A.-L. Regnard, 1763, » in-4°.

732-733. « Provinces (Suite des), par ordre alphabétique » : Aunis-Bourbonnois. — 309 feuillets.

734-735. « Provinces (Suite des), par ordre alphabétique » : Bourgogne-Bretagne. — 410 feuillets.

736-737. « Provinces (Suite des), par ordre alphabétique » : Cahors-Dombes. — 430 feuillets.

738-740. « Provinces (Suite des), par ordre alphabétique » : Evêchés (Trois)-Isle de France. — 487 feuillets.

741-743. « Provinces (Suite des), par ordre alphabétique » : Languedoc-Lorraine. — 473 feuillets.

744-746. « Provinces (Suite des), par ordre alphabétique » : Lorraine-Normandie. — 499 feuillets.

Fol. 211-214. « Declaration du Roy portant reglement sur les differends d'entre les particuliers qui se retirent dans la ville de Lyon et les habitants des lieux taillables d'où ils sortent, pour raison des privileges des veritables bourgeois de ladite ville. Paris, P. Le Petit [etc.], 1669, » in-4°. — Fol. 301-312. « Declaration historique de l'injuste usurpation et retention de la Navarre faite par les Espagnols. » (S. l., n. d.), in-8°.

747-749. « Provinces (Suite des), par ordre aphabétique » : Orange (Principauté d')-Picardie. — 521 feuillets.

Fol. 98-171. « Les privileges, franchises et libertez des bourgeois et habitans de la ville et faux-bourgs de Montargis-le-Franc. Paris, P. Chevalier, 1608, » in-8°. — Fol. 310-313. « Les privileges et exemptions accordez par le Roy à Messieurs de Paris les prevost des marchands, eschevins, colonnels et autres officiers de ladicte ville, en faveur de leurs fidelitez recogneuës pendant le voyage de leurs Majestez

en Guyenne. Paris, Anth. du Brueil, 1617, » in-8°. — Fol. 314-317. « Les
articles de l'ordre que le Roy entend estre tenu par les bourgeois de sa
bonne ville de Paris, tant à la garde des portes d'icelle que sur la
riviere... Paris, Anth. du Brueil, 1617, » in-8°. — Fol. 323-358. « Mémoire
lû à l'assemblée publique de l'Académie royale des Sciences, le samedi
13 novembre 1762, par M. Deparcieux... Seconde édition. Paris, Impr.
royale, 1764, » in-4°, carte. [Sur l'adduction à Paris des eaux de l'Yvette.]

750-751. « Provinces (Suite des), par ordre alphabétique » :
Poitou-Vermandois. — 423 feuillets.

752-753. *Vacants.* (Numéros réservés pour additions.)

754-757. « Histoire et affaires étrangères en général, et par ordre
alphabétique » : Afrique-Allemagne. — 570 feuillets.

Fol. 75-95 et 97-144. « Bulla aurea Caroli IV. Romanorum imperatoris,
Norenborgæ sancita anno 1356, et Collegium electorale de eligendo
Romanorum imperatore. [S. *l.*], 1657, » in-8°. — Fol. 174-177. « Traicté et
accord faict par son Excellence, avec le gouverneur, capitaines, officiers
et soldats, de la garnison de la ville de Rhijn-Berck, fait le trentiesme
de juillet, l'an 1601. Delf, Bruyn H. Schinckck, 1601, » in-8°. — Fol. 191-
197. « Le prince Palatin assiegé en personne par le comte de Buquoy
dans la ville de Brin en Moravie,... avec le retablissement des Peres
Jesuistes, le tout suyvant les dernieres nouvelles d'Allemagne en datte
du 22. et 30. decembre 1620. Lyon, Cl. Armand dit Alphonce, 1621, » in-8°.
— Fol. 199-206. « Recit veritable du succés des armées de Boheme,
depuis le 30. du mois d'octobre jusque au 9. de novembre, auquel le
S. prince Maximilian, duc de... Baviere est entré dans Prague victo-
rieux, avec M. le comte de Buquoy, lieutenant general de l'armée
Imperiale. Jouxte la coppie impr. à Liege par Jacob Franc, 1620, »
in-8°. — Fol. 208-215. « Histoire veritable de ce qui s'est passé de plus
remarquable ès troubles d'Alemagne entre les armées de l'Empereur
et celle des Bohemiens,... traduit d'alleman en françois. Francfort,
Martin Canoel, 1620, » in-8°. — Fol. 217-222. « Les dernieres nouvelles
d'Allemagne, de Hongrie et de Hollande... Paris, Jean Martin, 1627, »
in-8°. — Fol. 230-233. « Recit veritable de la grande execution faite en
la ville de Francfort, d'une grande quantité de rebelles de la Majesté
imperialle, le neufiesme de mars 1646. Paris, Jean Bourriquant [1616], »
in-8°. — Fol. 261-264. « Relation veritable de ce qui s'est passé prés de
Wesel, entre les gens de guerre des Estats generaux des Pays-Bas,
souz la conduite du colonel Yvelsteim, et le comte Jean de Nassau,
general de l'armée du roy d'Espagne... Paris, Jean Martin, 1630, » in-8°.

— Fol. 265-272. « L'ombre de Monsieur le duc de Bouillon, apparuë au comte Mansfeld, sur l'estat present de ses affaires. » (S. l., n. d.), in-8°. — Fol. 282-296. « Relation veritable de ce qui s'est fait et passé entre les armées de l'Empereur et celle du Roy de Suede en la presente année 1630, selon les memoyres envoyez d'Allemagne... Paris, Jean Martin, 1630, » in-8°. — Fol. 316-323. « Recit de la bataille d'entre les Imperiaux et les Suedois, avec la harangue du roy de Suede à ses soldats et ses autres particularitez croyant mourir. Rouen, Cl. le Villain, 1632, » in-8°. — Fol. 325-332. « La conqueste du Bas Palatinat par le roy de Suede, ensemble le passage dudit roy sur le Rhein, la prise des villes d'Oppenheim, de Worms et plusieurs places du mesme pays... Rouen, Cl. le Villain, 1632, » in-8°. — Fol. 336-343. » Deffaite de l'armée du duc de Bavieres par les Suedois, avec la prinse de plusieurs villes,... avec le secours du roy d'Angleterre envoyé au prince Palatin son nepveu, contre les forces Imperiales. Rouen, Jacques Cailloüé, jouxte la copie impr. à Paris, chez Jean Martin, 1633, » in-8°. — Fol. 477-480. « Troisiesme lettre envoyée de Badveis en Boeme, contenant ce qui s'est passé en le la bataille du premier aoust 1619. Liege, Christian Owvreuz le jeune, 1619, » in-8°. — Fol. 482-489. « Discours veritable contenant l'execution des principaux autheurs de la rebellion du royaume de Boheme, jusques au nombre de 27. dans la ville de Prague, le 21 juin de la presente année; le tout fidellement traduit d'allemand en françois. Lyon, pour Vincent de Cœursilly, 1621, » in-8°. — Fol. 491-494. « Reception et acceptation de S. A. Electorale Palatine pour roy de Boheme, marquis de Moravie... par les Estats du royaume... Paris, F. Berjon, 1619, » in-8°. — Fol. 496-503. « La bataille donnée entre le comte de Bucquoy, lieutenant de l'Empereur, avec l'armée protestante, ensemble la reduction de la Moravie, surprise de villes, preparatif du siege de Prague... Lyon, Cl. Armand dit Alphonce, 1620, » in-8°. — Fol. 505-509. « La nouvelle defaite du prince Palatin faicte en Silezie et Moravie par le secours de Pologne arrivé à l'Empereur et par le comte de Bucquoy... Paris, Ant. du Brueil, 1620, » in-8°. — Fol. 514-517. « Defaicte des Transilvains par le prince Homanay, Hongrois, extrait d'une lettre escritte de Cracovie du 27. de novembre 1619. traduitte de Polonois en Francois. Paris, Pierre Billaine, 1620, » in-8°. — Fol. 531-537. « Discours de ce qui s'est passé, au royaume d'Hongrie, sur le traitté de la paix, avec le roy d'Espagne et les serenissimes princes archiducs, et les Estats generaux des provinces unies dudict pays. Paris, Pierre Ménier, 1609, » in-8°. — Fol. 559-566. « Confirmation et ratification de la paix conclue entre l'Empereur et le Grand Seigneur des Turcs,... traduict du latin imprimé... à Vienne d'Austriche l'an 1616. Paris, Fr. Julliot, 1617, » in-8°.

758-761. « Histoire et affaires étrangères (Suite des) : » Angleterre-
　　　Espagne. — 636 feuillets.

Fol. 163-170 : « Discours des troubles nouvellement advenus au
royaume d'Angleterre, avec une declaration, faicte par le comte de Nor-
tumberland et autres grands seigneurs d'Angleterre. Paris, Laurent du
Coudray, imprimeur, jouxte la copie de Jacques Blochet, » (s. d.,) in-8°. —
Fol. 173-180. « La declaration du serenissime roy de la Grand'Bretaigne,
contenant sa resolution proposée à Sa Majesté Catholique. Lyon, pour
Fr. Yvrard. 1621, » in-8°. — Fol. 182-190. « Declaration presentée au roy
d'Angleterre par les Catholiques Anglois, sur les presentes affaires de
son royaume... Lyon, jouxte la copie impr. à Paris, chez Mathieu le
Blanc, 1621, » in-8°. — Fol. 203-212. « Traité de la paix faicte entre les
serenissimes Philippe IV, roy des Espagnes et Charles roy de la Grande
Bretagne. » [1630.] (S. l., n. d.,) in-4° (Pièces curieuses). — Fol. 233-239 et
241-247. « Le procez, l'adjournement personel, l'interrogatoire et l'arrest
de mort du roy d'Angleterre,... fidelement traduit de l'anglois, par le
sieur de Marsys... Paris, Fr. Preuveray, 1649, » in-4°. — Fol. 250-257.
« Relation generale et veritable de tout ce qui c'est fait au procez du roy
de la Grand'Bretagne,... traduit d'anglois en françois par J. Ango,...
sur l'imprimé à Londres, par François Coles. (S. l.,) 1649, » in-4°. — Fol.
258-261. « Relation veritable de la mort barbare et cruelle du roy d'Angleterre, arrivée à Londres le 8° fevrier 1649. Paris, Fr. Preuveray, 1649, »
in-4°.

762-764. « Histoire et affaires étrangères (Suite des) » : Espagne-
　　　Italie. — 587 feuillets.

Fol. 44-47. « Responce à la lettre du Grand Turc envoyée au roy d'Espaigne, presentée au Grand Seigneur par Dom Ferdinand de Gusman,
ambassadeur extraordinaire de Sa Majesté Catholique. Paris, 1649, »
in-4°. — Fol. 216-223. « Recit veritable de l'horrible conspiration descouverte en Hollande au mois de fevrier de la presente année, brassée contre... les Estats generaux et le tres illustre prince d'Orange. (S. l.,)
1623, » in-8°. — Fol. 227-233. « La reduction de la ville de Limbourg et
de toute la province à l'obéissance de Messieurs les Estats des Provinces unies... Rouen, Jacques Caillové, jouxte la copie impr. à Paris,
par Jean de la Tourrete, 1632, » in-8°. — Fol. 235-242. « Le manifeste de
messieurs les Estats des Provinces unies de Hollande, au reste des
villes catholiques qui sont subjettes au roy d'Espaigne... Rouen, Cl. le
Villain, jouxte la copie impr. à Paris, par Jean de la Tourrete, 1632, »
in-8°. — Fol. 336-343. « Lettre escrite par le sieur de Baillot, secretaire
de Mgr le duc de Nevers, à present duc de Mantouë et de Montferrat,

de son arrivée et reception audit lieu, à M. de Charnizay, gouverneur de Mgr. le duc de Mayenne. Paris, Jacques Dugaast, 1628, » in-8°. — Fol. 397-404. « Lettre de Venise du XIX d'octobre 1571, touchant la tres-heureuse victoire des Chrestiens à l'encontre de l'armée du Grand Turc. Paris, [G. Cavellat,] 1571, » in-8°. — Fol. 428-436. « Discurso sobre el puerto del Final, » en espagnol; *ms.* — Fol. 542-587. « Estat present de la republique de Venize et ses maximes les plus cachées; » XVII° s., *ms.*

765-767. « Histoire et affaires étrangères (Suite des) » : Italie-Portugal. — 568 feuillets.

768-770. « Histoire et affaires étrangères (Suite des) » : Russie-Turquie. — 532 feuillets.

771-773. *Vacants.* (Numéros réservés pour additions.)

774-777. « Domaine et droits domaniaux : Domaine en général, Limites ; Domaine en particulier ; Provinces et seigneuries du royaume, par ordre alphabétique » : Agen-Bourbon-Lancy. — 656 feuillets.

Fol. 586 *bis.* « Quittance originale de Jehan de Chastillon, comte de Blois, de la somme de cent francs sur ce que pouvoit lui devoir son receveur » en Dunois (22 avril 1377); parchemin.

778-781. « Domaine en particulier (Suite du) : Provinces et seigneuries du royaume, par ordre alphabétique » : Bourgogne — Frontignan. — 840 feuillets.

782-785. « Domaine en particulier (Suite du) : Provinces et seigneuries du royaume, par ordre alphabétique » : Gaillon-Mouson. — 603 feuillets.

786-789. « Domaine en particulier (Suite du) : Provinces et seigneuries du royaume, par ordre alphabétique » : Narbonne — Waud. — 577 feuillets.

790-792. « Domaine : Droits du Roi sur divers lieux et pays étrangers, par ordre alphabétique ; Droits domaniaux. » — 332 feuillets.

793-794. « Domaine : Appanages en général et en particulier, par ordre chronologique (1225-1636) ; Douaire des reines, par ordre chronologique (1240-1644). » — 418 feuillets.

795-796. « Domaine : Extraits des Registres de la Chambre des Comptes de Paris, par M. Ménant, maître des Comptes, de tous les titres concernant le Domaine de la Couronne, » par ordre alphabétique : Acquets-Exemptions. — 443 feuillets.

797-799. « Domaine : Extraits des Registres de la Chambre des Comptes de Paris, par M. Ménant, maître des Comptes, de tous les titres concernant le Domaine de la Couronne, » par ordre alphabétique : Fauconnerie — Voirie. — 551 feuillets.

Cf. les mss. 3398-3413 (Leber 5870) de la bibliothèque de Rouen.

800-801. *Vacants*. (Numéros réservés pour additions.)

802. « Extraits des Registres du Parlement de Paris, 1364-1465. » — 579 pages.

803. « Extraits des Registres du Parlement de Paris, concernans les faits qui peuvent servir à l'histoire du Royaume. » (877-1665.) — iv et 950 pages.

804-806. « Extraits des Livres des chartes et des Registres de la Chambre des Comptes de Paris ; Notices et inventaires de titres. » — 438 feuillets.

Fol. 179. Inventaire des « manuscrits de Brienne ; » *ms.* — Fol. 202. Inventaire de vingt-deux volumes de lettres, etc. de Viglius Zuichemius ; *ms.* — Fol. 253. « Titres de la maison de Courtenay, » *ms.* — Fol. 309-310. « Abregé de l'Arsenal de la foy, qui est contenu en cette copie, de la conclusion d'une lettre d'un secretaire de S. Innocent, par luy escrite à sa sœur...» (*S. l., n. d.,*) in-4°. — Fol. 316. « Catalogue des volumes de la bibliothèque manuscripte de M. Dupuy, » *ms.*

807-808. « Notices et inventaires de titres (Suite des). » — 393 feuillets.

Fol. 19. « Notice des manuscrits de Baluze concernant l'histoire de France... » — Fol. 63. « Catalogue des mss. de M. de La Mare, conseiller au parlement de Dijon, concernant l'histoire de France. » — Fol. 91. « Catalogue raisonné des manuscrits ou cartulaires historiques du cabinet de feu M. l'abbé de Camps, abbé de Signy. » — Fol. 163. Catalogue des Cinq cents de Colbert. — Fol. 279. « Cartulaire contenant les chartes de différens dons faits par les roys de France en divers lieux » (535-1630).

809. *Vacant.* (Numéro réservé pour additions.)

810. « Pièces sans dates et sans titres. » — 66 feuillets.

811-815. « Solemnités en général : Sacres et couronnements des rois et reines de France; Sacres et couronnements des souverains étrangers. » — 331 feuillets.

Fol. 320-327. « Les ceremonies observées au couronnement du roy de Hongrie, en ceste presente année 1618. Paris, Abr. Saugrain, 1618, » in-8°.

816-820. « Solemnités (Suite des) : Entrées, réceptions et voyages des rois en France dans la capitale et autres villes du royaume, par ordre chronologique (1350-1633) ; Entrées, etc. des reines de France (1351-1643). » — 334 feuillets.

821-824. « Solemnités (Suite des) : Entrées, réceptions et voyages des princes, princesses, ministres, légats, ambassadeurs, prélats, etc., tant dans les villes de France que dans les cours et pays étrangers, par ordre chronologique (1383-1752) ; Entrées, réceptions et voyages des souverains étrangers dans les villes et à la cour de France (1378-1648). » — 396 feuillets.

825-826. « Solemnités (Suite des) : Entrevues de souverains, en général et en particulier, et festins royaux ; Publications de paix, alliances et déclarations de guerre. » — 301 feuillets.

827-829. « Solemnités (Suite des) : Fêtes et réjouissances ; Processions. » — 315 feuillets.

Fol. 63-74. « Le balet de l'Harmonie, presenté au Roy pour estre dansé le mardy 14. decembre 1632... au Jeu de paume du Petit Louvre,

au Marest du Temple. Paris, Pierre Chenault, 1632, » in-8°. — Fol. 76-78.
« Lettre du Roy envoyée à Mgr. l'archevesque de Paris sur la victoire
obtenuë par Sa Majesté contre les Espagnols és isles Saincte-Marguerite
et Sainct-Honoré de Lerins. Paris, Pierre Targa, 1637, » in-8°. — Fol. 89-
92. « Exposition et explication des devises, emblemes et figures enig-
matiques du feu construit devant l'Hostel de Ville,... sur l'heureuse
naissance et retour du Roy, faits par Henry Estiene, escuyer, sieur
des Fossez, poete et interprete du Roy és langues grecque et latine.
Paris, Ant. Estiene, 1649, » in-4°. — Fol. 95-100. « Description du feu
du Palais Royal pour la conqueste de la Franche-Comté. [Paris,] 1674, »
in-4°. — Fol. 101-108. « Description d'un second feu qui se fera jeudy
v⁰ juillet dans la place du Palais Royal pour l'heureux retour de Sa
Majesté. Paris, Jacques Langlois, 1674, » in-4°.

830-832. « Solemnités (Suite des) : Mariages, naissances, baptêmes et convalescences. » — 285 feuillets.

Fol. 88-95. « L'ordre des ceremonies observées au mariage du Roy de
la Grand' Bretagne et de Madame sœur du Roy... Paris, Jean Martin,
1625, » in-8°. — Fol. 99-104. « Les ceremonies nagueres faites à Vienne
du mariage du roy d'Espagne avec la princesse Imperiale, » 1648, in-4°;
n° 186 de la *Gazette* de Renaudot.

833-835. « Solemnités (Suite des) : Cérémoniaux du Parlement, diverses cérémonies, rangs, séances et préséances. » — 355 feuillets.

Fol. 102-117. « Les ceremonies observées au serment du serenissime
prince d'Espagne, Philippe IIII. de ce nom en la ville de Madril, de
nouveau mises en françois selon la coppie espagnole. Paris, se vendent
au bout du pont S. Michel,... à la Croix de Lorraine, 1608, » in-8°. — Fol.
131-138. « Les royales ceremonies faites en l'edification d'une chapelle
de Capucins à Londres, en Angleterre, dans le palais de la Roine...
Rouen, David Ferrand, 1632, » in-8°. — Fol. 144-147. « Les particularitez
des ceremonies observées en la majorité du Roy, avec ce qui s'est fait
et passé au Parlement, le Roy seant en son lict de justice. Paris, 1651, »
in-4°. — Fol. 149-156. « La celebre cavalcade faite pour la majorité du
Roy. » 1651, in-4°; n° 119 de la *Gazette* de Renaudot.

836-838. « Solemnités (Suite des) : Enterremens, convois, funé-railles, obsèques, pompes et services funèbres des Rois et

Reines de France, par ordre chronologique (1364-1761). »
— 371 feuillets.

Fol. 207-239. « Recherche des trente-deux quartiers » de noblesse de
Henri IV, dédiés à la Reine Régente, Marie de Médicis, à l'occasion des
funérailles de Henri IV, par « ...umet, advocat en la Court »; blasons
peints, *ms.* — Fol. 261-266. « Mausolée dressé dans l'eglise de Nostre-
Dame de Paris, au service solennel... de... Marie-Therese, infante d'Espagne, reine de France et de Navarre. [Paris,] Pierre le Petit, 1683, »
in-4°. — Fol. 364-371. « Description du mausolée élevé dans l'église de
l'abbaïe royale de S. Denis pour les obséques... de Louis-Joseph-Xavier
de France, duc de Bourgogne,... sur les dessins du sieur Mic. Ang.
Slodtz... [Paris.] Chr.-J.-Fr. Ballard, 1761, » in-4°.

839-841. « Solemnités (Suite des) : Enterremens, convois, etc.
de grands officiers de la Couronne et personnages élevés
en dignité; Enterremens, convois, etc. des souverains,
rois, reines, princes, princesses, ministres et seigneurs
étrangers. » — 289 feuillets.

Fol. 190-204. « Les obseques et funerailles de Sigismond Auguste,
roy de Pologne,... plus l'entrée, sacre et couronnement de Henry, à
present roy de Pologne, le tout faict à Cracovie,... recité par deux lettres
missives d'un gentil-homme françois. Paris, Denis du Pré, 1574, » in-8°.
— Fol. 266-279. « Oraison funebre de... Ferdinand VI, et... Marie de
Portugal, roi et reine d'Espagne, prononcée dans l'Église de Paris, le
mardi 15° de janvier 1760, par Messire Gabriel-François Moreau,
évêque de Vence. Paris, A.-M. Lottin, 1760, » in-4°. — Fol. 280-289 « Description du catafalque exécuté à Paris, dans l'Eglise de Notre-Dame, à
l'occasion du service... pour... Marie-Amélie de Saxe, reine d'Espagne
et des Indes,... sur les desseins du sieur Mic. Ang. Slodtz... [Paris,]
Chr.-J.-Fr. Ballard, 1761, » in-4°.

842-843. *Vacants.* (Numéros réservés pour additions.)

SUPPLÉMENT

844. « Matières ecclésiastiques : Biens ecclésiastiques, Décimes, Églises, Hérésies, Libertés de l'Église gallicane, Ordres religieux et militaires, Provisions des bénéfices, Schismes, Universités. — 488 feuillets.

Fol. 374-388. « Arrest notable donné en l'audience de la Grand Chambre, le dixiesme jour de decembre 1602. Contenant nouvelle decision, contre nouvelles formes desquelles on usoit aux provisions des benefices vaquans en Regale... Paris, Jean de Heuqueville, 1603, » in-8°.

845-846. « Prérogatives et Offices de la Couronne, Maison du Roi, Droit féodal, Ordonnances, Pairies, Croisades. » — 452 feuillets.

Fol. 192-207. « Presentation des lettres de l'office de Monsieur le Connestable, faicte en Parlement, le XXI. novembre 1595. Paris, Mamert Patisson, 1595, » in-8°. — Fol. 239-247. « Declaration du Roy du pouvoir de Monsieur le prince de Conty, lieutenant general en la ville et cité de Paris. Paris, Jamet Mettayer et P. L'huillier, 1595, » in-8°. — Fol. 345-352. « Declaration du Roy portant deffenses à toutes personnes de tenir petites escolles, principautez és colleges, ny lire en quelque art ou science que ce soit, en public ou en privé en chambre, s'ils ne sont cognus et approuvez catholiques, tenants la religion catholique et romaine. Paris, pour Jean Dallier, 1570, » in-8°.

847-848. « Histoire étrangère ; Juifs, Généalogies, État des personnes, Noblesse, Hommes illustres. » — 578 feuillets.

Fol. 32-39. « Recit veritable de ce qui s'est passé en Allemagne depuis le depart du roy de Boheme jusque à present ; ensemble l'ordre tenu à l'execution de plusieurs grands seigneurs, mis à mort à Prague... (S. l.,) 1621, » in-8°. — Fol. 55-118. « Election et capitulation de serenissime et tres-puissant et invincible prince Leopold, esleu empereur des Romains... Jouxte la copie impr. à Francfort, » 1658, in-8°. — Fol. 258-261. « Relation de la victoire obtenuë par les armes de la serenissime republique de Venise... contre l'armée turquesque, en Asie, au port de Foquie. Paris, Ant. Estiene, 1649, » in-4°.

849. « Traités de paix, de trève ou d'alliance. » (792-1651.) — 583 feuillets.

Fol. 442-465. « Articles du traicté faict en l'année 1604 entre Henri le Grand, roi de France et de Navarre, et sultan Amat, empereur des Turcs, par l'entremise de Messire François Savary, seigneur de Breves... Paris, impr. des langues orientales, par Est. Paulin, 1615, » in-4°. (Texte français-turc.) — Fol. 467-470. « Articles accordez au gouverneur, capitaines, officiers, magistrats, bourgeois, habitans, et soldats de la garnison de Julliers. Paris, Pierre Ramier, 1610, » in-8°. — Fol. 476-483. « Articles de la paix accordez par le sieur duc de Ventadour... à Mgr. le prince de Condé... (S. l.,) 1614, » in-8°.

850-851. Lettres et pièces sur l'histoire de France. (1193-1499.) — 535 feuillets.

852-853. Lettres et pièces sur l'histoire de France. (1505-1624.) — 469 feuillets.

854-855. Lettres et pièces sur l'histoire de France. (1622-1663.) — 419 feuillets.

856. « Domaine, » dans les provinces de France et à l'étranger, par ordre alphabétique. — 605 feuillets.

857. « Guerre, Duels, Mœurs et usages, Contrats de mariages. » — 446 feuillets.

858. « Contrats de mariages » (1121-1631); Testaments (1217-1644). — 431 feuillets.

Fol. 396-431. « Testamens des princes d'Orange, faits et confirmés par leur deces, dans lesquels sont pleinement exprimées leurs dernieres volontés. La Haye, Meyndert Uytwerf, 1702, » in-8°.

859-860. Pièces diverses sur l'histoire de France. (1227-1649.) — 649 feuillets.

Fol. 295-302. « Proces verbal de la revolte faite par messieurs de Poictiers à leur gouverneur monsieur le duc de Roannés, envoyé à Sa Majesté. (S. l.,) 1614, » in-8°. — Fol. 308-311. « Discours de ce qui s'est passé à Meziere, » au sujet de l'arrivée du prince de Condé. (S. l., n. d.,) in-8°. — Fol. 331-334. « La deffaite des carabins et autres troupes de

Monsieur le prince de Condé, faicte le jeudy 7. janvier par Mgr. le duc de Guise. Paris, Anth. du Breuil, 1616. » in-8°. — Fol. 415-421. « Histoire memorable de ce qui est nouvellement arrivé près la ville de Montauban, ensemble ce qui a esté descouvert... par M. de Pacaudiere (en Poictou)... Paris, sur la copie impr. à Xainctes, par Samuel Crespon, 1621, » in-8°. — Fol. 451-457. « Recit veritable de ce qui s'est passé contre les rebelles de Montauban par les trouppes de l'armée du Roy depuis la prise de Monheurt. Paris, Isaac Mesnier, 1621, » in-8°. — Fol. 459-464. « Recit veritable de ce qui s'est nouvellement fait et passé à Montauban par commandement du Roy et en presence de Sa Majesté ... Paris, Abr. Saugrain, 1621, » in-8°. — Fol. 466-469. « La reduction de la ville et chasteau de Royan a l'obeïssance du Roy... Paris, Nic. Alexandre, 1622, » in-8°. — Fol. 470-473. « La reduction de la ville et chasteau de Royan à l'obeissance du Roy; ensemble celle du chasteau de Taillebourg... Paris, Pierre Ramier, 1622, » in-8°. — Fol. 475-482. « La conversion de Monsieur le duc d'Esdiguieres à la religion catholique, apostolique et romaine; ensemble le brevet de l'estat de connestable de France à luy envoyé par Sa Majesté le 7ᵉ de ce mois de juillet 1622. Paris, Pierre Rocollet, 1622, » in-8°. — Fol. 484-491. « La prise par force de la ville de Berderine en Languedoc... Paris, Pierre Rocollet, 1622, » in-8°. — Fol. 493-516. « Le manifeste de Monsieur de Bouillon, envoyé à Messieurs de la Religion. (S. l.,) 1622, » in-8°. — Fol. 518-525. « La victoire emportée en champ de bataille contre le marquis de La Force par Mgr. le duc d'Elbeuf... Paris, Abr. Saugrain, 1622, » in-8°. — Fol. 527-534. « La grande et signalée victoire emportée en champ de bataille par l'armée catholique sur l'armée protestante... combatans au secours du prince Palatin. Paris, Pierre Ramier, 1622, » in-8°. — Fol. 536-543. « Relation veritable apportée par le sieur Du Buisson, envoyé par le Roy, de la defaicte de l'armée du sieur de Soubize par Sa Majesté en personne, et de la prise du chasteau de la Chaume dans les Sables d'Olonne, le dix-huictiesme de ce mois. Paris, Federic Morel, 1622, » in-8°. — Fol. 573-580. « Relation veritable de ce qui s'est passé à Cazal et Montmelian, avec le traitté de la trefve; ensemble la mort du marquis de Spinola et ce qui s'est passé en icelle. Troyes, Pierre Chevillot, 1630, » in-8°. — Fol. 632-633. « Acte du serment du roi Louis XIV et de la Reine Regente sa mere, portant confirmation de tous les traités... avec les rois d'Angleterre; à Ruel, le 3 juillet 1644. » (S. l., n. d.,) in-4°.

861. Copies de lettres de rois, princes et grands personnages. (1339-1610.) — 471 feuillets.

Fol. 221-227. « Lettres du Roy, contenant les causes du retardement des Estats... Paris, Federic Morel, 1577, » in-8°.

862. Copies de lettres de rois, princes et grands personnages. (1610-1663.) — 398 feuillets.

Fol. 180-183. « Lettre du Roy escrite à monsieur le duc de Monbason, touchant la desfaicte des rebelles tentant le secours de Montauban, du 28 septembre 1621. Paris, Denys Langlois, 1621, » in-8°.

863. Copies de bulles de papes (1216-1319); Juridictions, Parlements, Eaux et Forêts, Procès criminels, Singularités et Matières diverses. — 396 feuillets.

864-867. — Copies de pièces historiques diverses, classées chronologiquement (1226-1648.) — 4 volumes.

I (864). Années 1226-1379. — 276 feuillets.
II (865). — 1380-1446. — 291 —
III (866). — 1470-1545. — 307 —
IV (867). — 1550-1648 et s. d. — 232 feuillets.

868. Mélanges historiques. — 302 feuillets.

Extraits des extraits des Registres de la Chambre des Comptes, de Ménant (fol. 1); — « Domaine de la Couronne » (fol. 103); — « Titres de la maison de la Courtenay » (fol. 251).

869-870. Copies de pièces historiques diverses, classées chronologiquement. (1400-1442.) — 2 volumes, transmis par les Archives nationales en 1873.

I (869). Années 1400-1426. — 251 feuillets.
II (870). — 1427-1442. — 293 —

871-875. Notes et extraits divers, concernant l'étude des Livres saints et la Théologie ; racines hébraïques, notes sur le Talmud, etc. — 684, 432, 461, 970 (feuillets et pages), et 613 feuillets.

876-881. Pièces originales, du x° au xviii° siècle, tirées des Portefeuilles de Fontanieu, et classées suivant l'ordre numérique de ces Portefeuilles[1]. — Parchemin et papier. 6 volumes, in-folio.

_____

1. On trouve sur chaque pièce l'indication du Portefeuille duquel elle a été détachée. — Un inventaire de ces pièces originales, rédigé par M. L. Delisle et resté manuscrit, a été utilisé pour le présent catalogue.

I (876). — PORTEFEUILLES 1-254.

Fol. 2. Lettres de Charles V pour dispenser le comte de Taucarville de rendre des comptes (octobre 1365). — Fol. 4. Hommage de Charles VI à l'archevêque de Sens, Aymard Robert, pour les châteaux de Montereau et de Brai-sur-Seine (22 avril 1382). — Fol. 4 *bis*. Lettres closes de Louis XI accordant le droit de haute et moyenne justice au sire de La Forest (17 juillet 1461). — Fol. 5. Jean, bâtard d'Orléans, comte de Dunois, Poton de Xaintrailles et Jean Bureau s'obligent à faire payer à Gaston de Foix la somme de 15.000 écus d'or après la réduction à l'obéissance du roi de la ville de Bordeaux (s. d.). — Fol. 6. — Lettres de Charles VII annonçant l'envoi à Lyon des sires de Lohéac, maréchal de France, et de Bueil, comte de Sancerre, amiral, pour obvier aux inconvénients qui pourraient advenir de la conduite du Dauphin (11 sept. [1456]). — Fol. 7. Lettres de Richard, comte de Warwick et de Salisbury, et de Jean Wenlok, commissaires du roi d'Angleterre, au sujet de la trève conclue entre les rois de France et d'Angleterre (12 avril 1464). — Fol. 8. Projet de ligue contre le Turc (1464), et projet de traité entre les rois de France et de Bohême (1464); copie. — Fol. 21. Charles, comte du Maine, abandonne le droit qu'il pouvait avoir sur les terres de Parthenay et autres que le roi lui avait concédées en mars 1465 (26 oct. 1465); copie. — Fol. 25. Lettre de Charles d'Anjou au roi, reçue le 16 mars 1466. — Fol. 26. « Instruction et mémoire au sieur de Monteil, bailly de Caulx de ce qu'il aura à dire de par le Roy à monseigneur du Maine » (s. d.). — Fol. 28. « Instruction et mémoire de ce que monseigneur le Bastard aura à dire au Roy de par monseigneur du Mayne » (22 févr. 1466). — Fol. 29. Copie de deux lettres écrites au roi par Charles d'Anjou, comte du Maine (s. d.). — Fol. 31. Lettres de Jean de Clermont au roi, du 10 juin, reçue le 24 juin 1466. — Fol. 32. Promesse de fidélité de Charles, comte du Maine, au roi Louis XI (11 oct. 1467). — Fol. 33. Lettres de recommandation de l'empereur Frédéric III au roi Louis XI en faveur de « Allexander Zolthan, ex Lithuania, ritum Grecorum sectans » (1er déc. 1467). — Fol. 33. Mémoire de l'ambassadeur envoyé par le roi de Bohême à Louis XI pour traiter les affaires du Milanais (s. d.). — Fol. 35. — Lettres de Louis XI relatives à l'étang de Courset, en Poitou, concédé à Yves du Fou (4 août 1469). — Fol. 36. Lettres de Louis XI concernant le privilège pour les francs-fiefs et nouvéaux acquets accordé aux habitants du bailliage de Chartres (1er sept. 1469). — Fol. 37. Lettres de Louis XI pour l'expédition de lettres patentes octroyées au duc de Guyenne « touchant les jugeries de Riviere et de Verdun et les chastel, terre et seigneurie de Mauleon de Saule » (10 nov. 1469). — Fol. 38. Lettres de Louis XI pour l'expédition de lettres-patentes octroyées au comte de Montfort « touchant la terre

et seigneurie de Chaumont-en-Veuxin » (17 mars 1470). — Fol. 39. Lettres
du « scultetus et consules dominii Bernensis » au sujet de la ligue
entre le roi de France et les Suisses (13 août 1470). — Fol. 40. — Lettres
de Louis XI pour l'expédition de lettres-patentes octroyées à Jacques
d'Estouteville (5 nov. 1470). — Fol. 41. Lettres de Louis XI pour l'expédition de lettres-patentes octroyées au comte de Dammartin (3 nov.
1470). — Fol. 42. Copie de lettres d'abolition accordées par le roi à
« maistre Ythier Marchant » (10 mai 1473). — Fol. 43. Copie du traité
conclu à Nantes entre les commissaires du roi d'Aragon et ceux du duc
de Bretagne (8 août 1473). — Fol. 45. Mémoire relatif à la confiscation
des biens de la maison d'Armagnac; le debut manque (1473). — Fol. 93.
« Information secrète faicte à Coingnac sur attemptatz pour... madame
la comtesse d'Angoul[e]me et Jehan Witon, dit Langloys, contre Jehan
Heurtault, commis des quartageurs de Poictou et Xaintonge, à Taillebourg » (29 août 1474). — Fol. 99. Lettres de l'empereur Frederic III au
sujet du traité qu'il avait conclu avec Louis XI (31 dec. 1475). — Fol. 100.
Copie de lettres de Louis XI au sujet du même traité (17 avril 1475). —
Fol. 102. « Lettres escriptes par les gens du Conseil du Roy, estans à
Paris, aux prelatz et gens d'Eglise de ce Royaume pour prier Dieu pour
la prosperité du Roy, qui lors estoit en personne à la guerre contre les
Bourguignons, » copie (7 mai 1475). — Fol. 103. Lettre de Louis XI
annonçant au « chancellier et grant maistre d'ostel de France et
autres... à la convention tenue... à Compiegne, » qu'il leur envoie « le
sire de Curton, gouverneur de Limosin » (7 déc. 1475). — Fol. 104. Lettre
des « prevostz, jurez et aultres consaulx de la ville et cité de Tournay »
au sire de Craon et à Pierre Doriolle, envoyés par Louis XI à la conférence de Compiègne (11 déc. 1475). — Fol. 105. Copie du traité entre
l'empereur Frédéric III et Louis XI (17 avril 1475). — Fol. 107. Procuration donnée par Agnès de Savoie, comtesse de Dunois, à Me Guy de
Bauldreul, abbé de Saint-Martin de Ruricourt, au sujet de l'héritage de
son cousin le comte de Ligny (16 juillet 1506). — Fol. 188. Lettres de
l'empereur Frédéric III au sujet de l'exécution du traité conclu avec
Louis XI (25 mars 1476). — Fol. 109. Lettres de Louis XI relative à une
fondation dans l'église des Augustins de Tournay (31 déc. 1478). — Fol.
110. « Les parties de vaisselle d'argent que le roi... a délivrées aux
ambaxadeurs que le roy d'Espaigne a envoyez devers lui ou mois de septembre 1479. » — Fol. 111. « Roole des parties et sommes de deniers que
le Roy nostre sire a ordonnées et commandées estre paiées, baillées et
délivrées par Noel Le Barge, nagueres receveur general des ses finances
en son pays de Normendie, tant pour partie de la despense du conté de
Warwyk et autres seigneurs d'Angleterre venus en sa compaignie en
ambaxade devers le Roy... en sa ville de Rouen, ès mois de may et
juing mil cccclxxvij, que pour le fait de plusieurs dons... faiz ausdicts

ambaxadeurs, et aussi... pour le fait de l'advitaillement d'aucuns navires
dudit conte... » — Fol. 112. Lettres de François, duc de Bretagne, adhé-
rant au traité conclu, « aux champz soubz l'arbre Nostre Dame d'Es-
querchin lez Douay, » entre les ambassadeurs du roi de France et des
ducs d'Autriche et de Bourgogne (28 sept. 1480); copie faite « par le
commandement des doyen et chappitre de Saint-Lo lez Angers (27 sept.
1481). — Fol. 113. Lettres des ambassadeurs du roi de Bohême au sujet
du traité conclu entre ce prince et le roi Louis XI (15 janv. 1482). —
Fol. 115. Lettre de Louis, duc d'Orléans, au sujet de la réunion des
États et du gouvernement du royaume (17 janvier s. a.). — Fol. 117.
« Legitimatio nobilis Joannis de Borgia, Infantis Romani, qui dicebatur
Cæsaris Borgiæ, ducis Valentini filius, » copie (1er sept. 1501). — Fol. 130.
Lettres de François, duc de Valois, comte d'Angoulème, au sujet de la rançon
du duc de Longueville (14 juin 1514). — Fol. 131. Quittance de « Robert
Albisse, merchant, demeurant à Lyon, » se rapportant à la rançon du
duc de Longueville (2 juillet 1516). — Fol. 132. Recounaissance par Marie
d'Angleterre de son mariage avec Louis XII par procuration de Louis
d'Orléans, duc de Longueville (s. d.), signature autogr. — Fol. 133. « Ora-
tione fatta dall' ambasciatore del Rè Christianissimo all' illma Signoria
di Venetia, in nome del Rè suo signore, in escusatione della confedera-
tione fatta col Gran Turco l'anno 1544, » copie. — 150 feuillets.

II (877). — PORTEFEUILLES 255-620.

Fol. 1-2. Lettre de François Ier au « sieur Janus Bei, grant droguement
du Grant Seigneur, » pour lui recommander le « sieur Daramon »
(28 déc. 1546). — Fol. 3. Traduction italienne d'une lettre du sultan So-
liman II à Henri II (s. d.). — Fol. 4. Lettre du cardinal de Ferrare au
maréchal de Brissac sur les bulles de l'abbaye de Saint-Maur accordées
par le pape à Fulvio Corneo, évêque de Pérouse (23 janv. 1550). — Fol. 6.
Mandat de payement des frais de publication dans la sénéchaussée de
Nimes des lettres sur la gendarmerie données les 26 févr. et 4 mars
précédents (29 avril 1553). — Fol. 7. « Memoires et instructions données
par la Royne à Monseigneur l'evesque de Nevers [Jacques II Spifame]
pour l'execution du contenu au pouvoir et commission qu'il a pleu à
ladite dame luy donner pour ses affaires. » — Fol. 17. Copie, datée de
1332, collationnée en 1369, d'un acte de Guillaume de Chalon, comte
d'Auxerre et de Tonnerre, sire de St-Aignan en Berry, assignant une
rente de 30 sous au vicaire de S. Laurent de St-Aignan en échange
d'un étal de boucher (mars 1297). — Fol. 18. Échange entre Anselme,
abbé du monastère « Case nove », et Jean, prévôt de l'église « Ponticellis »
(7 avril 1219). — Fol. 19. Donation par « Johannes Sçasus » à Pierre,
abbé du monastère « Sancte Marie de Cassa Nova » (19 janv. 1236). —

Fol. 20. Quittance de « Perrette Guillerme, abesse de Nostre-Dame de Saint-Cir au Val de Galie » (21 déc. 1531). — Fol. 21. Quittance de « Marguerite Desportes, abbesse de l'abbaye Mʳ Sᵗ Cir au Val de Gallye » (30 sept. 1604). — Fol. 22. « Attestation de Messieurs de la ville de Bayonne pour Monsieur de Combes, vice[se]neschal (1572). — Fol. 23. Trois lettres de Carolo Birago à P. Paparin de Chaumont, évêque de Gap (24 mars, 6 avril et 24 sept. 1577). — Fol. 29. Lettre de Henry de Bourbon au comte de Rochepot (2 mars 1591). — Fol. 30. Ordonnance du Conseil de la Ligue, établi à Troyes, pour le paiement de la compagnie du sieur de Grignault, signée Claude de Lorraine (1ᵉʳ mars 1595 ?). — Fol. 31. « Acta absolutionis Henrici IV, Galliarum regis, a Maphæo Barberino, prothonotario apostolico descripta. anno MDXCV; » copie. — Fol. 64. Lettre de Henri IV aux « amans et conseil de la ville et canton de Appentzel » (18 mai 1606). — Fol. 66. Lettre de Henry de Bourbon, prince de Condé, à M. de Machaut, intendant de Languedoc (18 janv. 1641). — Fol. 67. Lettres du cardinal Mazarin au comte Magnus de La Garde et au maréchal Vrangel (16 janv. 1649). — Fol. 71. Lettre de Louis XIV au vidame d'Amiens (14 mars 1649). Fol. 73. Lettre du duc de Beaufort à M. Broussel, conseiller au Parlement. — Fol. 75. Bref du pape Clément IX au roi Louis XIV, au sujet des bénéfices d'Ant. Barberini, archevêque de Reims et abbé de S. Evroul (10 sept. 1687). — Fol. 76. Lettres de Nicolas Cotoner, grand maître des Ordres de Sᵗ Jean et du Sᵗ Sépulcre de Jérusalem, à Colbert et à Louis XIV (22 mai 1670). — Fol. 80. Billet de Louis XIV à Hugues de Lionne, autogr. (s. d.). — Fol. 81. Copie des bulles de l'abbaye de S. Georges de Boscherville pour Louis de Bassompierre (1626). — Fol. 88. Acte de réception d'Édouard de Thumeri dans l'Ordre de Malte (22 juillet 1608). — Fol. 89. Lettres de Louis XIV à la Chambre pour l'exécution de l'édit concernant l'Ordre de N.-D. du Mont-Carmel et de S. Lazare, et à la Chambre de l'Arsenal (22 févr. 1673 et 8 avril 1675). — Fol. 92. Nomination par Philippe, duc de Bourgogne, de commissaires pour l'assemblée de prélats convoquée le 15 mai à Chartres (10 mai 1450). — Fol. 93. Acte du concile de Maguelonne, portant absolution du comte « Suniarius; » souscriptions autogr. de plusieurs évêques, éd. Labbe, XI, 729-730 (3 mai 909). — Fol. 94. Copie d'une bulle du pape Martin V relative à l'élection de l'archevêque de Trèves (27 août 1430). — Fol. 96. Procès-verbal de l'élection de Henri Bertrand de Beuvron, abbé de Cluni; copie authentique (17 oct. 1672). — Fol. 97. Copie de la délivrance de la régale de l'évêché de Grenoble à Humbert, chapelain de La Plane, procureur de Guillaume II de Sassenage, évêque élu de Grenoble (25 juillet 1266). — Fol. 99. Copie de lettres de Charles VII, relatives à la régale de l'évêché de Grenoble (3 oct. 1427). — Fol. 101. Lettres de François, duc de Bretagne, au sujet des négociations avec Louis XI touchant la régale des églises de Bretagne (18 déc. 1463). — Fol. 103. Deux mémoires de fournitures faites « par Jehanne Pinelle, lingère suivant la Cour, » et « par Jehan Fluteau, cordouannier » du Roi (1501-1502). — Fol. 105. Compte de bouche du Dauphin et de la reine d'Écosse à Chambord (15 janv. 1551 [1552]). — Fol. 106. Copie, datée de 1370, d'un acte par lequel Jean de Chalon, comte d'Auxerre et de Tonnerre, établit Phelippon Faverot « maistre, garde et gouverneur de noz hommes et femmes de chiep et de corps » (8 juin 1361). — Fol. 107. Lettres d'Anne, reine d'Angleterre, établissant Robert Echlin, lieutenant général de ses forces à pied et à cheval (1er janv. 1706/7). — Fol. 108. Vidimus, du 10 sept. 1465, par Robert d'Estouteville de lettres de Louis XI accordant à Guillaume Cousinot l'office de concierge de son Palais à Paris (2 juin 1465). — Fol. 109. Quittance d'Alart de Barbenchon, vicomte de Blois (23 juillet 1373). — Fol. 110. Certificat de Jean de La Roche-Aymont, seigneur de Chabannes, châtelain de Beaucaire, pour Antoine Bourdin, sergent du château de Beaucaire (5 janv. 1497). — Fol. 111. Nomination par Anne d'Est, duchesse de Genevois, et par le roi Henri III de Pierre Navyer à l'office de contrôleur ancien du grenier à sel de Provins, et autres pièces y relatives, copies (1587-1589). — Fol. 117. Vente par devant les notaires au Châtelet de Paris au duc d'Orléans par Guillaume de Craon de la vicomté de Châteaudun, copie (12 oct. 1395). — Fol. 123. Vidimus du contrat de mariage entre Jean de Dunois, bâtard d'Orléans, et Marie de Harcourt, fille du comte de Tancarville (26 oct. 1439). — Fol. 124. Extrait du contrat de mariage entre le comte du Maine et Isabeau de Luxembourg (6 mars 1444). — Fol. 126. Contrat de mariage entre « Jehan de Besiés, seigneur de Saint-Julien de Payrolles, en la dioceze d'Uzès », et Marguerite, sœur de Bernard de Chasteau-Neuf (11 nov. 1478). — Fol. 128. Contrat de mariage entre Gaillard d'Avre et Madeleine d'Aspremont, nièce de Charles de Gramond, archevêque de Bordeaux (1532), copie de 1602. — Fol. 129. Extrait du contrat de mariage entre Jacques Amelot, conseiller au Parlement de Paris, et Charlotte Girard (17 oct. 1590). — Fol. 131. Contrat de mariage entre Jacques Du Bois et Polixienne Guibert (30 juillet 1671). — Fol. 135. Vidimus par le prévôt de Paris d'un contrat de mariage entre « Girart Chaboz, valet, seignor de Rays et de Machecoul », et Marie, fille de « Guillaume Larcevesque, chevalier, seignor de Parthenay et de Vovent » (mardi avant Ste Marguerite 1299). — Fol. 136. Contrat de mariage entre Jean, sieur de Commines et Jeanne d'Estouteville (4 juillet 1444). — Fol. 152. Contrat de mariage entre « Francés de Castelverdun » et « Bertranda de Foix, filha de mossr Corbayran de Foix » (août 1504). — Fol. 146. Transaction entre César, duc de Choiseul, Colombe Le Charon, sa femme, et les créanciers de feu le comte Alexandre de Choiseul (14 sept. 1675). — Fol. 154. Contrat de mariage entre Alexandre de Choiseul, comte du Plessis-Praslin, et Marie de Bellenave (15 juillet 1639). — 160 feuillets.

III (878). — PORTEFEUILLES 620-639.

Fol. 1. Contrat de mariage de Louis de Cardaillac, baron de Saint-Cerny et Cécille de Suzanne (31 janvier 1680). — Fol. 7. Extrait du contrat de mariage de François-Gilbert Colbert de Saint-Pouange et de Marie-Renée de Berthemet (19 mars 1702). — Fol. 8. Contrat de mariage du comte de La Feuillade et de mademoiselle de Bezons (1727). — Fol. 12. Contrat de mariage entre Jacques de Harcourt et Marguerite de Melun (13 oct. 1417). — Fol. 13. Contrat de mariage entre Louis Louvet, seigneur de Calvisson, et Jeanne Aymare de Guynhan (2 sept. 1475). — Fol. 15. Copie du contrat de mariage de François de La Rochefoucauld et Barbe Du Bois (27 nov. 1534). — Fol. 19. Contrat de mariage entre Jean de Luxembourg et Guillemette de La Marche (2 mai 1558). — Fol. 26. Quittance de 200 livres de rente réclamée par Jean d'Argenton de Monseigneur de Parthenay, de Mathefelon et de Chastellaillon, copie (29 nov. 1406). — Fol. 27. Contrat de mariage entre Claude Pinart, vicomte de Comblizy, et Françoise de La Marck (8 mai 1586). — Fol. 35. Contrat de mariage entre Bastien de La Viesville et Perrine de Saint-Vaast (23 nov. 1510). — Fol. 36. Contrat de mariage entre Louis de L'Estoille et Marguerite de Monthollon (26 mai 1538). — Fol. 37. Contrat de mariage entre Jean de Tournabon, gentilhomme florentin, et Charlotte de Senneton (23 oct. 1582). — Fol. 45. Contrat de mariage entre Jacques Sadoc, colonel de dragons, et Marie-Madeleine Trudenne (13 févr. 1715). — Fol. 49. Testament d'Anne de Montafié, comtesse de Soissons ; copie collationnée (21 oct. 1642). — Fol. 51. Testament de Louise-Adélaïde de Bourbon, copie (20 mai 1747). — Fol. 53. Testament de Galéas Visconti (12 août 1367). — Fol. 56. Codicille du testament de Marie de Savoye, femme de Jacques Hasse, seigneur du Plessis (24 nov. 1509). — Fol. 58. Extrait du testament de Bernard de Capdeville, copie collationnée du 21 oct. 1496. — Fol. 60. Testament de Guillaume de Croy, copie (21 mai 1521). — Fol 64. Testament de Gabrielle-Louise de Saint-Simon, duchesse de Brissac (11 juillet 1683). — Fol. 70. Testament de Louis Maugis, abbé des Granges, prieur de Lieu-Dieu et de Beauvais (30 sept. 1706). — Fol. 74. Testament de « Guido La Porta » d'Allassac, dioc. de Limoges (22 sept. 1276). — Fol. 75. « Testament de « Huguez de Vectz, prestre, » de Pierrefltte (7 févr. 1546). — Fol. 76. « Copie du premier testament de de M. le maréchal de Marillac, du 25 juin 1631, et du brevet du Roi, du 3ᵉ febvrier 1643, pour l'exécution des legs pieux et récompenses des domestiques. » — Fol. 85. Testament de Madeleine de Chevrier, dame de Paudy (1ᵉʳ mars 1632). — Fol. 87. « Pappier de payement de la Compaignie de monseigneur de Clermont d'Amboise, du quartier de janvier, fevrier, mars 1566, faict le 15ᵉ jour de may ensuivant, par Aubert Beauclerc, commis au payement de ladite Compaignie. » — Fol. 130. Procès-verbal

de l'arrestation de « don Anrique de Borbon, » qui se disait petit-fils du
connétable Charles de Bourbon (24 oct. 1618). — Fol. 132. Tableau généa-
logique des Médicis. — Fol. 134. Vente par François « de Bolleris » à
Renier, bâtard de Savoie, de la baronnie « de Asperiis et de Caussolis, »
au diocèse de Grasse (7 nov. 1510). — Fol. 135. Vidimus, du 17 mars 1332,
d'une transaction entre Jean, comte de Rouci et Olivier de Clisson au
sujet de la terre de Milli en Gâtinais (jeudi après la St-André 1323). —
Fol. 136. Quittance de Gui de Blois (29 avril 1370). — Fol. 137. Quittance
de « Le Bon de Dol, capitaine dou chasteau de Celles en Berri » (8 mai
1370). — Fol. 138. Quittance de Charles de Châtillon, chambellan du Roi
(15 oct. 1387). — Fol. 139. Aveu baillé par Jean Brulart, conseiller au
Parlement, à Catherine d'Allègre, mère et tutrice de Bertrand de Bourbon
(22 juillet 1506). — Fol. 140. Certificat de la mort de Jules Caracciolo,
décédé à Turin, le 8 sept. 1548 (1er mars 1549). — Fol. 142-148. Huit pièces
relatives à la famille de Boissay, en Normandie (1375-1541), parmi les-
quellles on remarque (fol. 144) des lettres de Henri V d'Angleterre concédant à Alain Le Lay les biens de son beau-père Robert de Boissay
(1er mars 1419). — 148 feuillets.

IV (879). — PORTEFEUILLES 640-699.

Fol. 1. Généalogie de la famille de Cardone, en Aragon. — Fol. 2.
Charte de Perceval, bâtard de Coucy, pour Gerard d'Ancône, son servi-
teur (26 août 1433). — Fol. 3. « La demande que bailla par devers la
Court... Artur de Chastillon... à l'encontre de messieurs les contes de
Harcourt et de Tancarville, » au sujet de la seigneurie de La Ferté lez
Saint-Riquier (1er mars 1462). — Fol. 19. Copies de trois pièces, des années
1430, 1582 et 1614, pour la généalogie de la maison de Croy. — Fol. 35.
Armes de différents seigneurs de la maison de Crussol, « qui sont
peintes en la chapelle du château de Charmes. » — Fol. 36. Transaction
entre Blanche de Ponthieu, comtesse de Harcourt et d'Aumale et Jean,
comte d'Harcourt, son fils (16 janv. 1380). — Fol. 38. Déclaration relative
au partage de la succession de madame de Harcourt, entre ses trois fils:
Monseigneur de Harcourt, Jean et Philippe de Harcourt (samedi après
la St-Denys 1387). — Fol. 39. Reconnaissance d'une somme de 1000 écus
d'or prêtés par le bâtard Mahé de Harcourt à son frère Guillaume de
Harcourt, comte de Tancarville (15 juillet 1449). — Fol. 40. Quittance de
Gaillard Spifame, receveur des finances de Normandie (21 avril 1525). —
Fol. 41. Inventaire des titres de noblesse, produits par Guillaume de
Teppes, écuyer, de l'élection de Clamecy (9 juillet 1586). — Fol. 42.
« Armes, genealogie et filiation pour François Rouer, escuyer, sieur de
Villeray » (1549-1650). — Fol. 43. Mandement de Louis XI relatif à l'an-
noblissement de Jean de Villeneuve, Pierre de Villeneuve et Audry

Chevrier, de Lyon (14 juillet [1469]). — Fol. 44. Procuration en blanc donnée par Claude de Lorraine, duc de Guise (2 oct. 1538). — Fol. 45. Lettres de légitimation accordées par Henri II à Catherine Duthier, fille de Jean Duthier, sieur de Beauregard (sept. 1554). — Fol. 46. Ordonnance sur l'âge de la majorité en Anjou (janvier 1604). — Fol. 49. Copie, du xve siècle, d'un acte d'affranchissement de serfs par Louis, comte de Blois et de Clermont (1193). — Fol. 50. Quittance de Bertrand de Beauvais, seigneur de Precigny (25 février 1453). — Fol. 51. Copie collationnée d'une « déclaration de Louis XIII touchant les exemptions de la noblesse et des ecclésiastiques » (février 1622). — Fol. 53. Procès-verbal de mise en liberté d'un turc, « Mustafa Ahmed Oghli, » par Alphonse de Miremond-Berrieux, grand prieur de Champagne de l'Ordre de Malte (28 mars 1671). — Fol. 55. Arrêt du Conseil relatif aux lettres de rémission obtenues par Antoine d'Allègre, sieur de Meillant et Louis Belleau, dit La Garde, à l'occasion du meurtre de François Duprat, baron de Thiert (10 oct. 1566). — Fol. 57. Arrêt de condamnation à mort, rendu au bailliage de Sens, contre Jean Peussot et Jean de Bouillart, convaincus d'empoisonnement (2 janvier 1518). — Fol. 59-60. « Commission pour le sr Gobelin, maître des requêtes, pour faire le procès au sr de Briquemaut, commandant dans Ivoy » au duché de Luxembourg (23 sept. 1637). — Fol. 61. Lettres de Philippe VI de Valois confirmant une donation faite, le mardi après St. Martin 1334, par Guy de La Granche, seigneur de Champigny à Philippe de Melun, avec une lettre du même roi en faveur de Philippe de Melun (juillet 1334). — Fol. 62. Autorisation donnée à l'évêque de Gap, Jacques III d'Artaud de Montauban, par « Guillelmus Augerii, miles, dominus Mantherii, » de faire arrêter Jacques Jaubert « de Mantherio » et son fils Guillaume (juin 1384).— Fol. 63. Vidimus, du vendredi après la St. Clément 1330, par Jean Le Roy, lieutenant du bailli de Caux, d'un mandement de Jean, duc de Normandie, relatif à l'hommage à lui fait par Jean de Goderville (5 févr. 1330). — Fol. 64. Déclaration de fiefs tenus du comte de Brabant par Gerard d'Enghien et Christophe de Harcourt (28 avril 1423). — Fol. 65. Promesse de foi et hommage par « Pol de Bensseradde, grand maistre de l'artillerie, » au « marquis de Roupthelin » (1er juin 1509). — Fol. 66. Mémoire de l'évêque de Gap, Gabriel de Sclavanatis, touchant la saisie du temporel de son évêché (1512). — Fol. 72. Lettres de Henry, roi de Navarre, au receveur d'Alençon portant remise du droit de rachat de fief dû pour le fief du Mesle sur Sarthe (22 avril 1527); suivi (fol. 73) de l'entérinement de ces lettres par Guy Gautier, trésorier et receveur général des finances à Alençon (4 août 1528). — Fol. 74. Enquête sur le droit de douaire réclamé sur les fiefs de Maisy, Argouges, Doon, etc., par Guillemette d'Esquay, veuve de Jacques Hoguet ; copie collationnée (août-sept. 1434). — Fol. 77. Extraits des registres du Conseil d'État et lettres de Louis XIV,

relatifs au Parlement de Metz (2 déc. et 22 juill. 1679). — Fol. 84. Lettres
de nomination par Louis de Gonzague, duc de Nivernois, de Jean Marion,
maître des comptes à Nevers (6 nov. 1571). — 84 feuillets.

V (880). — PORTEFEUILLES 700-822.

Fol. 1. Lettres de Louis XI déclarant qu'en convoquant le ban et
l'arrière-ban il n'a pas entendu porter atteinte au traité de Péronne ;
copie (18 avril 1470). — Fol. 3. Lettres de François de Frezeau de la Fre-
zelière, lieutenant de l'Artillerie en l'Arsenal de Paris, nommant J.-B.
Laisné, commissaire de l'Artillerie du Roi à Utrecht (avril 1673). — Fol. 4.
Lettres du maréchal de Humières, nommant le même J.-B. Laisné,
commandant d'un équipage d'artillerie formé à Brest pour passer en Ir-
lande (26 nov. 1689). — Fol. 4. Lettres de L.-A. de Bourbon, prince souverain de Dombes, duc du Maine, grand-maître et capitaine général
de l'Artillerie de France, nommant lieutenant d'artillerie, Lainé du
Groussé (31 mars 1703). — Fol. 6. « Roolle de plusieurs parties et sommes
de deniers que le Roy a commandé et ordonné au trésorier de son
Espargne, M⁰ Pierre Molan, païer, bailler et delivrer comptant ou assi-
gner par ses mandemens aux personnes pour les causes selon et ainsy
qu'il s'ensuict » (2 août 1579). — Fol. 15. « Compotus Johannis de Taillia,
deputati in præpositura Parisiensi et ressorto super monetis prohibitis
capiendis » (31 déc. 1298). — Fol. 15*bis*. «Les noms de ceux qui ont prinse
et mise la monnoie deffendue puis la derreniere deffense qui fu faite
environ la Chandeleur, et combien chacuns en a priz. » — Fol. 16.
« Rolle et distribucion de la somme de douze cens livres tournois, mise
sus ou bas pays d'Auvergne, pour les affaires et fraiz faict dudit pays,
par vertu des lectres d'octroy octroyées par le Roy, » le 5 juin 1514
(6 janv. 1515). — Fol. 27. « Estat des afferes de la duché de Mercueur »
(25 oct. 1654). — Fol. 42. Hommage rendu par Adélaïde, comtesse de
Piémont, à Guigue, dauphin du Viennois, pour le marquisat de Saluces
(27 juin 1374). — Fol. 43. « Instructions par les gouverneurs et conseil-
liers du roy de Hongrie, de Boheme, etc. en ses païs d'Alsas, de ce
qu'ilz ont ordonné dire et declairer à... Madame la duchesse de Longueville par Jean-Guillaume de Brunetoff » (20 déc. 1529). — Fol. 45.
Lettre des « advoyer et conseil de la ville de Frybourg » aux « advoyer
et conseil de la ville de Berne, » copie collationnée (28 juillet 1543). —
Fol. 47. Lettre adressée au duc de Guise par les gens de son Conseil du
comté de Neufchâtel (4 fév. 1550). — Fol. 49. Mémoire du conseil et communauté de Neufchâtel présenté au maître d'hôtel de la princesse (s. d.).
— Fol. 50. Compromis entre Jean d'Orléans, archevêque de Toulouse, et
Jeanne, duchesse de Longueville, d'une part, et Philiberte de Luxembourg, princesse d'Orange, pour son fils Philibert de Chalon, d'autre

part ; copie (30 avril 1517). — Fol. 52. Compromis entre Jeanne, duchesse de Longueville, Louis d'Orléans, duc de Longueville, Philiberte de Luxembourg, princesse d'Orange, et René de Chalon, prince d'Orange; copie (28 mars 1533). — Fol. 66. Lettres de Louis XI accordant des privilèges aux bourgeois de Paris ; copie (19 nov. 1465). — Fol. 68. Lettres de Henri III relatives aux taxes à établir pour l'enlèvement des immondices et boues de Paris (29 août 1586). — Fol. 69. « Memoire concernant differens droits d'octrois appartenant au domaine de la ville de Paris, dont elle fait faire la régie » (vers 1730). — Fol. 79. Traité entre l'empereur Maximilien et les Suisses ; copie de 1545 (7 févr. 1500). — Fol. 89. Instructions données par le Roi au sieur de La Houdinière, envoyé à Genève (10 déc. 1635). — Fol. 91. Accord fait entre le marquis de Saluces et les seigneurs « de Sarmatario de Mansano » (24 oct. 1191). — Fol. 92. Charte de Charles II, roi de Jérusalem et de Sicile, pour Jean de Saluces (22 févr. 1306) ; copie du 10 avril 1308. — Fol. 93. Lettres de François, marquis de Saluces, nommant Christophe Guascho son lieutenant-général en la ville d'Albe (4 mai 1533). — Fol. 95. Lettres de François, marquis de Saluces, à l'Empereur, à Antoine de Leyna, etc., avec les réponses au sujet du marquisat de Montferrat (6 mai-17 déc. 1533). — Fol. 103. Lettre de Gerard, duc de Juliers, au roi Louis XI (17 août 1467). — Fol. 104. Lettres de Louis, duc de Savoie, ratifiant une déclaration du roi de France pour les nobles de Savoie et les rétablissant dans leurs biens et honneurs, et absolvant ceux qui avaient arrêté Jeannette, femme de Bertel Frogié ; copies collationnées (23 janv. 1437). — Fol. 108. Lettre d'Alexis Michaïlowitch, czar de Russie, à Vladislas VII, roi de Pologne ; en russe (3 sept. 1646). — Fol. 109. « Project de passeport et d'articles du roy de Suède, Charles-Gustave, pour parvenir à la paix de Pologne par la médiation de la France », « présenté à la Cour de Pologne au mois de décembre 1657. » — Fol. 113. Fragment d'une déclaration des biens de la vicomté de Blois (xv° s.). — Fol. 114. « Declaracion des estancs des contez de Bloys et de Dunois et des chastellenies de Chasteaureguault, Remorentin et Millençay » (xv° s.). — Fol. 116. Lettres de Guy de Châtillon, comte de Blois, nommant Jean Breceau commissaire pour l'aide à lever à Châteaudun (8 févr. 1389). — Fol. 118. Sentence de Jean Guarrel, sénéchal de Beaucaire, adjugeant à Marquis, fils de Déodat de « Canilbaco », la juridiction de la « villa de Canonica » (4 mai 1275) ; dans cet acte sont rapportés deux mandements de S. Louis (vendredi après la Ste Lucie 1266) et Philippe le Hardi (jeudi après la St Denys, vers 1274). — Fol. 119. Lettres de Charles VI défendant à ses officiers d'acheter des rentes affectées sur le trésor ou les recettes royales, et de rembourser celles qu'ils auraient achetées ; copies (10 juin 1388 et 1er mars 1389). — Fol. 121. Échange de revenus entre le roi Philippe de Valois et Jean l'Archevêque, seigneur de Parthenay (mai 1330). — Fol.

122. Reçus, par le gouverneur de la conté de Blois du châtelain de Ro-
morantin, de 1300 fr. et 300 f. d'or, levés « pour cause du traité fait
avecques les Englois d'Olivet sur Cher pour le rachait et finance de la
terre de mons. le conte de Blois » (mardi après S. Jean-Baptiste et
5 sept. 1364). — Fol. 124. « Inventaire des lettres baillées par Guillaume
Juvenel des Ursins, conseiller et chambellan du Roy,... à maistre
Dreux Budé, conseiller trésorier des chartes du Roy et son audiencier,
le xvij⁰ [ou 16] jour de janvier l'an 1461 [1462] ; pièces relatives au duc
de Savoie. — 124 feuillets.

VI (881). Pièces sans cotes, rangées chronologiquement
(1314-1683).

Fol. 1. Donation faite par « Jhoan Dalbierra, senhor del castel de Viaus , »
à « B. Trulhier, » « actum in loco vocato Alaguilaberta » (4 février 1314).
— Fol. 2. Mandement du duc de Normandie, dauphin de Viennois
[Charles V] « aux genz de noz Comptes » pour certaines choses à nostre
honneur que nous avons eu à fere quant nous somes venuz à Amiens
devers Monsʳ... pour sa delivrance » (3 déc. [1360]). — Fol. 3. Bulle du
pape Nicolas V relative à la levée de la décime accordée par le pape
Eugène IV au dauphin Louis et à Charles, duc d'Orléans (15 mars 1448).
— Fol. 4. « Instruction à Odet d'Aizie, escuier, bailli de Constantin, de
ce qu'il aura à dire de par le Roy à mons. le conte de Dunois, » deux
instructions, signées par Charles VII et datées du 15 mai 1456. — Fol. 8.
Lettres de Henri IV, roi de Castille et de Léon, accréditant un ambassadeur près de Charles VII (30 janv. 1457). — Fol. 9. Lettre des « bailli,
conseillers et officiers du Roy ès baillages de Tournay et de Tournesiz, »
adressée au chancelier, pour se plaindre de n'avoir paso btenu justice de
l'évêque de Coutances, Richard Olivier, cardinal de Longueil, de Mgr.
d'Esternay et de Mᵉ Jean Le Roy, ambassadeurs du Roy, « à leur retour
de devers monsʳ. le Daulphin et monsʳ. de Bourgongne » (vers 1457-1459).
— Fol. 11. Lettres de Charles VII donnant commission à Thomas Marchan t
de chasser les loups dans les bailliages de Sens, Troyes et Chaumo nt
(6 oct. 1460). — Fol. 12. Lettres de Louis XI donnant pouvoir au « sire de
Crouy, conte de Porcian et grant maistre de nostre Hostel, et à maistre
George Havart, sire de La Rosiere, maistre des requestes de nostre
dict Hostel » de négocier avec les ambassadeurs du roi d'Angleterr e
(7 janvier 1463). — Fol. 13. Six lettres du sire de Croy à Louis XI et à
Louis de Harcourt, évêque de Bayeux (24 juin-24 août 1463). — Fol. 18.
Lettre de « Richard Whetchill', lieutenant de Guysnes, » au roi Louis XI
(19 févr. 1464). — Fol. 20. Lettres de Casimir, roi de Pologne à Charles
[Louis XI], roi de France, pour lui recommander « Allexander Szolthan,
ex Lithuania » (20 avril 1467). — Fol. 20. Lettre de Charles VIII aux

habitants de Nantes, leur annonçant la nomination, comme capitaine de Nantes, du sire de La Tremoïlle, et l'envoi de son maître d'hôtel, François Le Bascle (21 août, s. a.). — Fol. 21. Quittance de Louis de Bueil, comte de Sancerre (1er mai 1552). — Fol. 23. « Formulaire de l'union et fidélité qui a esté jurée par les pasteurs et anciens deputez en l'assemblée consistoriale de l'église reformée de Gap, le 8e septembre 1614. » — Fol. 25. Quittance pour un quartier de rente sur l'Hôtel de Ville de Paris au profit de Benjamin Muryer (27 avril 1660). — Fol. 26. Quittance de Jacques de Narbonne, capitaine d'une compagnie au régiment de cavallerie de Dusaussay (1er déc. 1683). — 26 feuillets.

ERRATUM

Page 88, lire : 487-489. *Vacants.* (Numéros réservés pour additions.)

TABLE ALPHABÉTIQUE

A

Affranchissements, 654-657.
Afrique et Asie (Histoire d'), 754-757.
Agriculture, 717-718.
Allemagne (Histoire d'), 754-757.
Amirautés, 694-696.
Angletere (Histoire d'), 758-761.
Apanages, 793-794.
Appels au futur Concile et Appels comme d'abus, 533-535.
Armoiries, 654-657.
Artillerie, 701-702.
Avocats, 694-696.

B

Bailliages, 694-696.
Baluze (Inventaire de mss. de), 807-808.
Bâtards, 654-657.
Bénéfices ecclésiastiques, 565-568, 844.
Bois et Domaines, 706-708.
Bourgeoisie, 651-653.
Brienne (Inventaire des mss. de), 804-806.
Bureau des Finances, 694-696.

C

Canaux, 715-716.
Canonisations, 536-538.
Cardinaux, 536-538.
Censures, 536-538.
Cérémonies ecclésiastiques, 565-566.
Cérémonies de mariages, enterrements, etc. de rois, reines, etc., 830-811.
Chambre des comptes, 694-696. — Extraits des registres de la Chambre des comptes, 795-799, 804-806, 868.

Chambres de justice, 691-693.
Chancellerie, 689-690.
Charles IV le Bel, 66-68.
Charles V, 88-97.
Charles VI, 98-112.
Charles VII, 113-126.
Charles VIII, 145-150.
Charles IX, 297-333.
Chartes originales de la Collection de Fontanieu, 876-881.
Chevalerie, 651-653.
Clergé (Assemblées du), 536-538. — Impositions du Clergé, 545-562.
Colbert (Inventaire des Cinq cents de), 807-808.
Commerce, 715-722.
Communes, 578-579.
Conciles, 536-538.
Conclaves, 539-540.
Conseil du Roi, 687-688.
Conseils souverains, 691-693.
Contrats de mariages de rois, princes, etc. français et étrangers, 607-624, 858.
Couronne (Offices de la), 596-602, 845-846. — Prérogatives de la couronne, 585-587, 845-846. — Succession à la couronne, 585-587.
Cours des aides, 694-696.
Cours des monnaies, 694-696.
Coutumes, 683-685.
Croisades, 539-540, 845-846.

D

De Camps (Inventaire des mss. de l'abbé), 807-808.
Décimes, 539-540, 844.

Déclarations de guerre, 825-826.
Diaconesses, 539-540.
Dignités, 654-657.
Dîmes, 543-544.
Discipline des Églises de France, 541-542.
Dispenses, 543-544.
Domaine, 774-799, 856.
Domaines et Bois, 706-708.
Douaires des reines de France, 793-794.
Droit féodal, 673-676, 845-846.
Duels, 699-700, 857.
Dupuy (Inventaire des mss. des), 804-806.

E

Eaux et Forêts, 694-696, 863.
Ecclésiastiques (Matières), 533-570, 687-696, 814. — Immunités ecclésiastiques, 545-546. — Juridiction ecclésiastique, 563-564, 687-696. — Temporel des ecclésiastiques, 536-538. — V. aussi Bénéfices.
Écoles militaires, 703-704.
Église gallicane (Libertés de l'), 563-564, 844.
Églises, par ordre alphabétique, 515-524.
Émancipations, 654-657.
Emprunts, 706-708.
Enterrements de rois, reines, etc., 836-841.
Entrées, réceptions et voyages de rois, reines, princes, etc., 816-824.
Entrevues de souverains, 825-826.
Espagne (Histoire d'), 758-764.
États généraux et particuliers, 578-579.
Étrangères (Histoire et affaires), par ordre alphabétique de pays, 754-770, 847-848.
Étrangers, 651-653.
Évêques, 543-544. — Résidence des évêques, 569-570. — Serment de fidélité des évêques, 569-570.
Excommunications, 543-544.
Exportation, 719-722.

F

Féodalité, 673-676, 845-846.
Fermes et Gabelles, 709-712.
Fêtes et réjouissances, 827-832.
Finances, 706-712.
Foires, 717-718.
François Ier, 161-256.
François II, 293-295.

G

Généalogies françaises et étrangères, 635-648, 847-848.
Gens du Roi, 694-696.
Gouvernement (Matières de), 574-583.
Grand-Conseil, 689-690.
Grands-Jours, 691-693.
Greniers à sel, 694-696.
Guerre, 699-704, 857.

H

Henri Ier, 5.
Henri II, 258-291.
Henri III, 335-389.
Henri IV, 390-459.
Hérésies, 545-546, 844.
Histoire ecclésiastique, 545-546.
Hommes illustres, 654-657, 847-848.
Hôpitaux militaires, 703-704.
Hugues-Capet, 3-4.

I

Immunités ecclésiastiques, 545-546.
Impositions du Clergé, 545-562.
Indults, 563-564.
Inquisition, 563-564.
Intendance, 689-690.
Interdits, 563-564.
Invalides, 703-704.
Italie (Histoire d'), 762-767.

J

Jean II le Bon, 78-87.
Juifs, 847-848.

Juridictions ecclésiastiques et séculières. 563-564, 687-696, 863.

L

La Mare (Inventaire de mss. de Philibert de), 807-808.
Law (Système de), 709-712.
Légats et Nonces, 563-564.
Légitimations, 654-657.
Lemerre. Discipline des Églises de France, 511-542.
Libertés de l'Église gallicane, 563-564, 844.
Liturgies et cérémonies, 565-566.
Louis VI, 8-10.
Louis VII, 11-19.
Louis VIII, 37-38.
Louis IX, 39-46.
Louis X, 62.
Louis XI, 128-143.
Louis XII, 152-159.
Louis XIII, 463-486.
Louis XIV, 490-497.
Louis XV, 500-510.

M

Maisons du roi, de la reine et des enfants de France, 589-594, 845-846.
Maîtres des requêtes, 689-690.
Majorité des rois, 575.
Manufactures, 717-718.
Maréchaux de France, 689-690.
Mariages (Cérémonies de), 830-832.
Mariages (Contrats de) de rois, princes, etc. français et étrangers, 607-624, 857-858.
Mariages des ecclésiastiques, 565-566.
Marine, 724-727.
Ménant. Extraits des Registres de la Chambre des comptes, 795-799, 868.
Mines, 709-712.
Minorités des rois, 575.
Mœurs et usages, 725-727, 857.
Monnaies, 706-708.

N

Naturalisation, 651-653.
Noblesse, 578-579, 651-653, 847-848.
Nonces et légats, 563-564.

O

Offices divers, 602-604, 845-846.
Officiers (Grands) de la couronne, 596-602.
Ordonnances des rois de la 3ᵉ race, 677-682, 845-846.
Ordres religieux et militaires, 526-531, 844.

P

Pairies, 667-671, 845-846.
Paix (Publications et Traités de), 825-826, 847-848.
Papes (Autorité et infaillibilité des), 533-535.
Paris (Hôtel de Ville de), 694-696.
Parlements, 689-693, 863. — Cérémonies et préséances du Parlement, 833-835.
Parlement de Paris (Extraits des Registres du), 802-803.
Personnes (État des), 651-657, 847-848.
Philippe Iᵉʳ, 6-7.
Philippe II Auguste, 20-36.
Philippe III le Hardi, 47-48.
Philippe IV le Bel, 49-61.
Philippe V le Long, 63-65.
Philippe VI de Valois, 71-77.
Pièces originales de la collection de Fontanieu, du xᵉ au xviiiᵉ s., 876-881.
Poids et mesures, 715-716.
Police, 580-581.
Politique étrangère, 582-583.
Portugal (Histoire de), 765-767.
Présidiaux, 694-696.
Princes (Autorité des) dans les affaires de l'Église, 533-535.
Prisonniers de guerre, 654-657.
Privilèges, 654-657.
Procédure judiciaire, 694-696.
Procès criminels, 659-665, 863.

Processions, 827-829.

Procureurs, 694-696.

Provinces (Histoire des), par ordre alphabétique, 730-751. — Domaine des provinces, 774-789, 856.

Publications de paix, 825-826.

R

Rançons, 654-657.

Rangs à la Cour, 651-653. — Préséances
du Parlement, 833-835.

Réformation de l'Église, 569-570.

Régale, 567-568.

Régences, 575.

Rentes, 709-712.

Rotures, 651-653.

Routes, 717-718.

Russie (Histoire de), 768-770.

S

Sacrements, 569-570.

Sacres de rois et reines, 811-815.

Schismes, 569-570, 844.

Sénéchaussées, 694-696.

Servitudes, 654-657.

Simonie, 569-570.

Singularités, 728-729, 863-868.

Solennités, 811-841.

Sorbonne, 569-570.

Subsistances des troupes, 703-704.

T

Tailles, 709-712.

Temporel des ecclésiastiques, 536-538,
844.

Testaments de rois, princes, etc. français
et étrangers, 627-633, 858.

Tournois, 699-700.

Traités de paix, 847-848. — Publications
de paix, 825-826.

Trésor royal, 709-712.

Trésoriers de France, 694-696.

Troupes de guerre, 701-704.

Turquie (Histoire de), 768-770.

Tuteurs, 654-657.

U

Université, 569-570, 844.

Usure, 569-570.

V

Veuves, 654-657.

Viglius Zuichemius (Inventaire de recueils
de), 804-806.

Vingtième (Imposition du), 547-562.

Voirie, 694-696.

Voyages de rois, reines, princes, etc.,
816-824.

RENNES, IMPRIMERIE FR. SIMON, SUCC^r DE A. LE ROY

IMPRIMEUR BREVETÉ

www.ingramcontent.com/pod-product-compliance
Lightning Source LLC
Chambersburg PA
CBHW070757290326
41931CB00011BA/2045

9 782329 008158